◆ 正統鹿耳門聖母廟文化叢書 *03* ◆

正統鹿耳門聖母廟
土城香：陣頭文化

Author 顏大鎰、吳宗勳、謝奇峰、陸昕慈

晨星出版

作者序
斯土斯民：神人合一的在地認同

　　2023年1月受到正統鹿耳門聖母廟第13屆王增榮主委的聘請，前來土城仔幫忙聖母廟做文化推廣與地方紀錄的工作，聖母廟下轄有七個里（城東里、城北里、城南里、城中里、城西里、青草里、砂崙里、學東里）十一角頭（土城角、虎尾寮角、郭岑寮角、中州角、蚵寮角、鄭仔寮庄、港仔西、青草崙、砂崙腳、十份塭、溪埔仔），其轄境範圍是非常的大，在地方上卻發現，尚保有在庄的五大陣頭，分別有蚵寮角白鶴陣、虎尾寮宋江陣、郭岑寮金獅陣、砂崙腳八家將、青草崙百足真人蜈蚣陣，在少子化愈來愈嚴重的年代，是愈顯珍貴。三年一科的土城香科啟動又增加了開路先鋒學甲寮慈興宮宋江陣、主壇海尾朝皇宮宋江陣，總共有七陣的武陣一起來擔任媽祖的隨駕護衛，共參盛典，榮耀鹿耳門媽香。

　　在土城常聽到老一輩的人說：「阮細漢都是吃媽祖的爐丹大漢，才有今日」。

　　安南區土城聚落屬臺江陸埔的二次移民社會，先民篳路藍縷一路走來，遇土地的爭墾糾紛、兩姓械鬥、盜匪入侵，都賴以強身團練來保庄衛民，為保護自己，尚武風氣在鄉間是相當昌盛，大家為能安身立命，背後都是仰賴恩主的庇佑與慰藉得以身心安頓，鹿耳門媽祖是大家的依靠，媽祖香醮一到，各角頭的武陣都以感恩的心情來相挺媽祖，共成其事。

　　一般武陣的訓練養成過程約有4個月的時間，時程約分有7個階段（各陣略有差異）。一、暗館（新生訓練）→二、入館（正式開訓團練）→三、開館（訓練完至大廟驗收成果全套表演）→四、答謝贊助者→五、探館（相互交流）→六、出香護駕→七、謝館（感謝神祇犒賞五營）。

　　像今年虎尾寮伍聖宮宋江陣還有暗館，代表有吸收到年輕的男女學生前來參加，王榮廷總教練對自己武陣要求是比較嚴格的，因為「要

代表土城出去表演，是不能漏氣」，在自我要求的榮譽心之下，「表演的好不好，自己都看在眼裡」，為求好的表現，他的教學不會一成不變，臺南區的武陣不少常有相互探館，觀摩到別家好的地方，就會把撿來融合應用，觀念要與時俱進，在傳統之下還多了一份創新，「好，還要更好」，也是對媽祖的一份謝意。

學甲寮慈興宮主任委員蘇進輝就說：「他們恩主池府千歲擔任土城香的開路先鋒官，宋江兄弟們～三天下來每天都是早出晚歸，幾乎都沒有什麼休息，這60年來，為了只是對於媽祖的『承諾』，這是神與神的約定，對於我們來說，這是一份榮耀，也是責任與承擔。無怨無悔就沒有所謂的辛苦，一切的付出都是甘甜的。」

海尾朝皇宮大道公擔任香醮「主壇」先生，海尾朝皇宮宋江陣吳昇峰教練說：「從宮廟之間的交陪看是否出在庄的陣頭跟出職業的陣頭的差別，就可看出宮廟之間交誼的深厚，出在庄的陣頭意義就是不一樣，土城香他們海尾連出三天相挺到底，足見兩廟的情誼久遠堅固。」

以一個府城人的視角我看到，鹿耳門媽祖宗教信仰的堅韌，各角頭團結內聚力強，善盡角頭應盡的職責，自組陣頭還能保存下來，是地方信徒對信仰的具體實踐，各武陣團練時是民兵，香科時轉換為神兵，以浩大的規模與聲勢來彰顯神恩，護衛恩主巡狩社里熱鬧共榮，以祈求地方平安和諧、神人和樂的美好祈求。

筆者覺得土城在庄各武陣都符合無形文化資產的核心價值，反映出地方族群的凝聚團結與對聖母廟的宗教信仰向心力。2024年幫忙提報土城內各武陣登錄為市定民俗，目前郭岑寮聖岑宮金獅陣、虎尾寮伍聖宮宋江陣、青草崙百足真人蜈蚣陣此三陣都已獲得列冊追蹤，等待再開文資審議大會，祈望能進一步獲得登錄為無形文化資產的肯定。

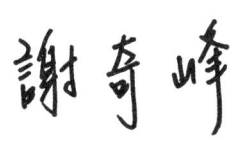

謝奇峰

2024.09.11

目次 Contents

◇ 作者序 / 斯土斯民：神人合一的在地認同 ..002
◎ 謝奇峰

【開路】 *Preface* ◎ 謝奇峰
鹿耳門媽隨身護衛，保駕助威陣仗 006

【五大陣】 *Chapter 1* ◎ 吳宗勳
青草崙・紫金宮・百足真人蜈蚣陣 014
　【起式】歷史淵源..................... 016
　【武陣】陣法典故與特色............... 026
　【傳炬】發展現況與扎根傳承........... 044

【五大陣】 *Chapter 2* ◎ 吳宗勳
砂崙腳・清聖宮・八家將 052
　【起式】歷史淵源..................... 054
　【武陣】陣法典故與特色............... 069
　【傳炬】發展現況與扎根傳承........... 078

【五大陣】 *Chapter 3* ◎ 顏大鎰
蚵寮角・宋江白鶴陣 084
　【起式】歷史淵源..................... 087
　【武陣】陣法典故與特色............... 094
　【傳炬】發展現況與扎根傳承........... 098

【五大陣】 *Chapter 4* ◎ 顏大鎰

郭岑寮・聖岑宮・金獅陣 108

【起式】歷史淵源 111
【武陣】陣法典故與特色 117
【傳炬】發展現況與扎根傳承 128

【五大陣】 *Chapter 5* ◎ 顏大鎰

虎尾寮・伍聖宮・宋江陣 136

【起式】歷史淵源 139
【武陣】陣法典故與特色 150
【傳炬】發展現況與扎根傳承 154

【開路先鋒】 *Chapter 6* ◎ 顏大鎰

學甲寮・慈興宮・宋江陣 162

【起式】歷史淵源 165
【武陣】陣法典故與特色 170
【傳炬】發展現況與扎根傳承 173

【主壇】 *Chapter 7* ◎ 顏大鎰

海尾寮・海尾朝皇宮・宋江陣 178

【起式】歷史淵源 180
【武陣】陣法典故與特色 188
【傳炬】發展現況與扎根傳承 192

【壓陣】 *Conclusion* ◎ 陸昕慈

榮耀「土城香」，在地陣頭的團結與傳承 .. 196

附錄：甲辰科・土城香・武陣精華影音 206

✳ Preface ──

【開路】
鹿耳門媽隨身護衛,
保駕助威陣仗

作者：謝奇峰

神人合一的表演陣頭

「陣」：作為名詞的解釋是指軍隊作戰時所布置的隊伍行列。作為動詞則是作戰，可知「陣」是具有軍事性質的文字。[1] 用於作戰則是有所謂的陣容、陣勢、擺陣、對陣、陣法等名詞產生。吳騰達老師：

> 「陣頭」就是一群人因為喜愛某種共同的民俗才藝而結合在一起的表演團體。它是民間自動自發組成的，不是政府出錢支持的也不是職業的表演團體。[2]

清道光 3 年（1823）以後，臺江內海陸浮，吸引了曾文溪以北，臺灣西南沿海地區東石、布袋、北門、學甲、將軍、佳里、西港、七股的居民陸續到此土城墾荒，屬二次的移民社會，先民篳路藍縷，披荊斬棘，為了能安身立命，爭地開墾，時有糾紛，或遇豪強盜匪，為了自保強健體魄，練武團練是必要的，早期農業社會的時代，生活困頓，都是靠著堅定的宗教信仰，給予信心來重建家園，鹿耳門媽的信仰慈雲廣被恩祐十方，深植人心，如土城耆老王府副案蔡清籐所言：

> 你甘會知影，阮細漢都是吃媽祖的爐丹大漢，才有今日。

一路走來都要感恩媽祖的保佑，才有今日的成就，早期都是凡事問媽祖，媽祖有在濟世，指點迷津，媽祖的神蹟不斷流傳於民間，成為土城仔最大的精神支柱，各角頭庄民信眾為了報答神恩，香科一到，一定會回來幫忙。

---

1 《重編國語辭典修訂本》臺灣學術網路第六版 https://dict.revised.moe.edu.tw/dictView.jsp?ID=7890&q=1&word=%E9%99%A3。
2 吳騰達（1996），《臺灣民間陣頭技藝》，臺北市，臺灣東華，1996，頁 8。

甲辰年土城香金獅陣頭

甲辰年土城香蜈蚣陣是土城香的特色陣頭

文陣與武陣

陣頭粗分為成「文陣」及「武陣」，文陣係以歌舞、樂曲小戲為主，較趨於靜態演練，例如南管、北管、八音、車鼓、牛犁仔歌、天子門生（太平歌）、素蘭出嫁、水族陣等；武陣則多以拳腳兵器等武術、旺盛的活動力、繁複的陣形變化或高度的戰鬥質性為基礎，通常具有強烈宗教意涵或浩大聲勢。如宋江系統（宋江陣、金獅陣、白鶴陣、五虎平西）、龍鳳獅陣、家將系統、大鼓花陣、高蹺陣、水牛陣、百足真人（蜈蚣陣）等均屬之[3]。

甲辰年土城香百足真人蜈蚣陣

3　黃名宏（2016），〈鼓聲若響——西港刈香的宋江系統武陣〉，《臺南文獻》，第10輯。

已登錄「臺南市定民俗」的土城蚵寮角宋江白鶴陣

土城香宋江陣

【開路】 鹿耳門媽隨身護衛，保駕助威陣仗 | 11

自民國47年與西港慶安宮斷香後，土城仔庄民的同仇敵愾，加上媽祖的濟世問事把信仰圈擴大，於民國48年鹿耳門媽置天案向上蒼領「出巡16寮」的玉旨，並擲出主壇老師為海尾朝皇宮保生大帝，民國48至50年連續三年出香巡視安南區16寮遶境巡安祈福，於民國50年自行啟建首科的「鹿耳門媽香，五府千歲醮」，展現了土城人對五王、媽祖的堅定信仰與團結。第二科於民國53年開始由學甲寮慈興宮池府千歲掛開路先鋒，幫鹿耳門媽隨身護衛，保駕助威。

　　聖母廟香醮的啟動，角頭內的五大武陣就會進入緊鑼密鼓的操練，依照土城香醮在二建舊廟時的傳統，庄內各武陣的入館，除各角頭廟有自己的陣頭神（田都元帥、宋江爺）外，還必須請到聖母廟內開基佛前來坐鎮。聖母廟內的重要神祇是各自都有其責任區域，必須前往各有武陣的角頭，每角頭的武陣都有「雙神保護」人員的操練與平安，這可看出聖母廟媽祖對各角頭武陣的重視。

◎郭岑寮金獅陣請老三王
◎蚵寮仔白鶴陣請老范王

土城仔庄民因信仰而茁壯的土城香遶境盛會

◎虎尾寮宋江陣請老池王
◎西北寮蜈蚣陣請大佛祖
◎砂崙腳八家將請出巡三王

　　斯土斯民，宋江陣源自於中國，茁壯於臺灣，在臺南發光發熱，土城地方基於對恩主天上聖母、五府千歲、代天巡狩、西天佛祖的共同信仰，善盡角頭應盡的職責，由地方子弟自組發起團練組陣，隨駕擔任開路先鋒，團練時是民兵，香科時轉換為神兵，以浩大的規模與聲勢來彰顯神恩，護衛恩主巡狩社里熱鬧共榮，以祈求地方平安和諧、神人和樂的美好祈求，反映出地方族群的凝聚團結與對聖母廟的宗教信仰向心力。在臺灣社會少子化愈來愈嚴重之下，地方自組陣頭還能保存下來，是地方信徒對信仰的具體實踐，是非常珍貴的文化資產，突顯出土城香的宗教文化價值。

土城香遶境巡安祈福盛會

*Chapter

1

【五大陣】
青草崙・紫金宮・
百足真人蜈蚣陣

作者：吳宗勳

扮演蜈蚣神童是每個青草囡仔的童年回憶

【起式】

歷史淵源
Historical Origins

　　對於每一位土生土長於青草崙的孩子而言，都曾有過在蜈蚣坪上的回憶，也都記得需要起個大早到活動中心化上濃濃的妝、穿上華麗的戲服、喝一大口爐丹，接著頂著大太陽隨著蜈蚣陣遶境為民驅魔除惡，一直到換班的時刻或是深夜才可以下蜈蚣坪，回家躺下來休息。如果問他們為什麼要坐蜈蚣？得到的答案常常是「爸爸媽媽叫我坐的」、或是「坐蜈蚣可以保佑平安、課業進步」；如果問他們辛不辛苦？得到的答案肯定是：「辛苦！」如果問他們還有機會的話，要不要再坐一次？得到的答案卻出人意料之外都是：「要！」長長的蜈蚣陣就像是一條隱而不顯的線，聯繫著每一位青草人內心那顆對故鄉難以割捨的情懷。

　　這些文化記憶早已埋藏在每一位青草人的日常生活之中，雖然現代社會大家平日忙於上班上課，只能利用零星的休息時間籌組陣頭，但是共同奮鬥的經歷凝聚了青草人對家鄉的認同，也是促成在每一科香醮大典時，居民就會像鮭魚般回到青草社區一起完成這項神聖的任務，並讓每一位參與者倍感驕傲。

蜈蚣精的由來傳說

　　話說秦始皇的時候，民間鄉里有一群小孩在玩耍，突然發現一隻蜈蚣，大家見狀均異口同聲表示要將蜈蚣打死，唯獨其中一位小孩子力排眾議，主張要保護蜈蚣，萬萬不可將蜈蚣打死，於是這群孩子討論後決議將蜈蚣放回山林。逃過一劫的蜈蚣在山洞裡潛心修煉，經過數百年之後，終於修煉成為蜈蚣精。當初那位主張留給他一條活路的小孩，經過多次投胎轉世來到唐朝，蜈蚣精為了報答小孩當初的不殺之恩，變身成為一名老人，下山找尋當初小孩轉世的青年，並告之：「倘若你要進京應試，期望可以金榜題名的話，只需遵照指示到山林裡的山洞找尋一個明珠，並將這顆明珠獻給皇帝，如此一來，必定可以成為進寶狀元。」年輕人依據老人的指示果真找到山洞，並在山洞裡發現明珠，遵照老人所言，將明珠獻給皇帝，果真成為進寶狀元。

　　年輕人衣錦還鄉後，趕緊派人去找尋當初告知他明珠的這位老人，想要親自感謝他，結果找遍整個村莊，就是找不到這位老人！年輕人突然想到老人所說的山洞，便快馬加鞭地趕到山洞，結果什麼也沒發現，只發現一條巨大的蜈蚣屍體，原來蜈蚣精為了報恩，將他修煉數百年的「明珠」吐出來給年輕人，自己卻氣盡身亡！

　　年輕人感傷之餘，命令僕人打造一條巨形蜈蚣，用來紀念蜈蚣精的恩情。自此之後，狀元每年都會回鄉紀念這條蜈蚣，讓這條人工打造的巨型蜈蚣可以出來周遊鄉里，以報答蜈蚣精的恩情，蜈蚣陣遊行的習俗一直延續至今，就成為大型廟會慶典活動時，重要的一項活動！[4]

4　吳宗勳整理（2004 年 9 月 9 日），〈魏新典訪問記錄〉。魏新典，青草崙人。

蜈蚣陣在刈香的定位

「遶境」是存在於臺灣民間常態性的信仰活動，普遍存在於臺灣各地，一般稱為「遊境」、「遊行」，各地不一，但都是指神明出巡刈香，目的是祈求地方平安、人神永業，「香」是臺灣西南沿海對神明遶境活動特有稱謂，根據學者從傳統習慣及信仰經驗觀察，刈香一定有「蜈蚣陣」，而且通常擔任先鋒的任務，主要功能在掃除香路沿途凶神惡煞，確保出巡遶境時的順利平安。[5] 究竟蜈蚣陣這種特殊的陣頭是從何而來？為何在臺灣南部鄉鎮受到熱烈擁護，在其他地方卻不見蹤影？根據中研院臺灣史研究所謝國興研究員的研究，蜈蚣陣的前身「藝閣」源自九龍江出海口的漳州與廈門地區，在清領臺灣時期，由漢人移民將純粹鬥熱鬧的廟會藝閣文化引進臺灣，經過數代傳承、與地方風俗結合後，發展出今日具宗教意涵的蜈蚣陣。[6]

早在明代陳懋仁的《泉南雜志》就有記載，泉州地區自古有「以妓童妝扮故事」的廟會遊行，大人們「以方丈木板搭成檯案，索絢綺繪，週翼扶欄，置几于中，加幔於上」，孩童們就身處華麗的閣杆之上由人扛抬遊行。

此外，清末民初李禧的《紫燕金魚室筆記》描寫廈門地區的廟會，也提到一種名為「蜈蚣棚」的藝閣：「蜈蚣棚者，搭木條如橋狀，木條相接處鑿圓孔，中貫以軸，木條能轉折自如，軸長數尺，以壯夫撐于肩上，棚長一二丈不等，棚上以童男女扮故事，龍頭鳳尾，遊行道上，活動如蜈蚣，故俗以是名之。」

5　黃文博（1994），〈南瀛刈香誌〉，頁14。
6　郭令鈞（2024年3月13日），〈百足真人大戰青盲蛇！臺灣最可愛又傳奇的蜈蚣陣〉，臺北市：中央研究院。2024年6月1日取自 https://research.sinica.edu.tw/centipede-parade/。

蜈蚣陣是刈香活動中一定會出現的陣頭

【五大陣】青草崙・紫金宮・百足真人蜈蚣陣

利用蜈蚣百毒不侵的特性,以及被賦予的神性,制服蛇精(曾文溪),為民消災解厄,保境安民

　　然而,藝閣歸藝閣,今日臺灣南部這些有神靈附體、蜈蚣頭尾的蜈蚣陣,又是怎麼來的?在1930年代曾文溪整治以前,經年泛濫成災,還不時改道沖毀村里,雖然為村里帶來肥沃的土壤即可耕種的沖積平原,但對於百姓的生命財產常造成巨大的危險。當地人形容曾文溪就像一尾「青盲蛇」(又稱「青暝蛇」)般胡亂流竄,更傳聞有蛇精在溪中作怪。民間相信,蜈蚣列為五毒之一,牠本身雖然有毒,但也具備解毒的功能,從「以毒攻毒」的觀點來看,由蜈蚣陣擔任開路先鋒,目的就是依據蜈蚣「百毒不侵」的特性,以及被賦予的神性,利用蜈蚣制服蛇精,為民消災解厄,保境安民。[7]

7　吳宗勳整理(2004年9月9日),〈魏新典訪問記錄〉。魏新典,青草崙人。

20 ｜ 土城香:陣頭文化

青草崙組蜈蚣陣

　　土城總共有十一角頭（十一個社區），中洲角、土城仔角、郭岑寮、蚵寮角、虎尾寮、鄭仔寮、港仔西、溪埔仔、砂崙腳、下什份塭、青草崙，這十一個社區一起奉祀鹿耳門媽祖、五府千歲、西天佛祖，大家都屬於媽祖、佛祖或王爺的爐下，受祂庇佑，行政區域則隸屬於臺南市安南區，範圍包括城東、城西、城南、城北、城中、青草、砂崙等七個里。

　　鹿耳門聖母廟前身為「保安宮」，早期土城仔屬於西港仔堡，當時「西港仔香」主辦廟方慶安宮前往舊鹿耳門媽祖廟遺址請水，土城仔八角頭共同參與「西港仔香」，後來西港慶安宮改前往土城仔保安宮「請媽祖」，當時保安宮的「鹿耳門媽」已經在西港香科期間被奉為醮壇頂桌上座「主醮」地位非常崇高，這份特別的榮耀一直持續到1958年發生「北港媽」事件，造成土城仔保安宮及轄下的各角頭因此退出「西港仔香」，並自1959年起連續2年舉辦「鹿耳門媽」出巡安南區遶境活動，1961年農曆3月中下旬啟建「辛丑香科」，是為首科「土城香」，此後定三年一科，每逢丑、辰、未、戌年舉行。[8]

　　土城香的蜈蚣陣是由所屬十一角頭中的青草崙所承辦，當年土城脫離西港香決定自行舉辦刈香活動後，土城所屬的十一角頭董事集合在聖母廟召開刈香會議，會議中決議組蜈蚣陣，並在廟前設置香案三天三夜，之後以「跋公杯」的方式來決定主辦角頭，當時「跋公杯」的方式是由各角頭董事跪在媽祖面前將「筊杯」向後甩到背後，看誰獲得最多「正杯」，就可以取得蜈蚣陣的組閣權。

8　周宗楊、吳明勳（2016），《鹿耳門聖母廟土城仔香》，臺南市：臺南市政府文化局。

青草崙庄內人數較多，經過筊杯獲得媽祖同意來組裝蜈蚣陣

　　由於籌組蜈蚣陣需要龐大的人力物力，對於規模較小的角頭而言，組成蜈蚣陣有一定的難度，幾經協商由當時村莊人數較多的青草崙代表尤海連董事，以連續三個「正杯」獲得媽祖同意來籌組蜈蚣陣。[9]

　　青草崙蜈蚣陣的蜈蚣頭、蜈蚣尾係鋁金屬，透過人工方式雕刻打造出來的，平日供奉在聖母廟佛祖殿二樓的神龕，每逢香科舉行前四個月，庄民依照習俗前往聖母廟迎請銅雕西天佛祖回庄裡坐鎮，並供奉在紫金宮臨時行宮，在香科前三天，再以小貨車前往聖母廟迎回蜈蚣頭、尾進行整理，必要的話會筊杯請示是否需要重新彩繪。青草崙蜈蚣陣除了第一科香是採人工扛抬方式出香，後來因為工資昂貴，加上扛工聘請不易，故自第二科起改採裝輪推動方式出陣。曾任總指揮的郭萬山回憶第一科辛苦的情景：[10]

第一天出陣晚上回到庄內時，每一戶都會準備菜餚感謝這些扛工，媽媽叫我去請他們過來家裡吃飯時，他們都說要先回家洗澡，誰知道一直等到很晚都看不到人影，後來才發現大家回到家都累到爬不起來了，……後來也是一直拜託才有辦法讓三天的香科完滿。

香科舉行前四個月，庄民依照習俗前往聖母廟迎請銅雕西天佛祖回庄裡坐鎮，並供奉在紫金宮臨時行宮

9　吳宗勳整理（2004年9月9日），〈魏新典訪問記錄〉。魏新典，青草崙人。
10　吳宗勳整理（2024年6月20日），〈郭萬山訪問記錄〉。郭萬山，青草崙人。

青草崙蜈蚣陣的蜈蚣頭、蜈蚣尾係鋁金屬，透過人工方式雕刻打造出來的，只有在香科期間才會迎回到青草崙

　　改裝輪推動的任務由青草崙庄民郭仙智負責思考如何進行，他與庄民一起嘗試了許多不同的方式才找到目前的最佳方式，並在蜈蚣頭前方利用曳引機拉動提供前進動力，目前這些輪子其實都已經停產，備料不多，所以每次出陣都要格外小心，稍不留意就容易讓輪子在行進過程中損壞，特別是每次轉彎時常因受力不平均而變形。蜈蚣陣由18塊板子串連而成，固定安排36位歷史人物，陣中每一位角色固定由5～6戶人家輪流扮演，扮演人物角色的神童採家族世襲制，不僅要負責神童的服裝，也要協調三天香路的扛工人力以及平安糖等準備適宜。[11]

11　吳宗勳整理（2024年6月28日），〈郭金田訪問記錄〉。郭金田，青草崙人。

由於扮演蜈蚣陣神童採家族世襲制，早期這些神童主要是以住在青草崙的學童為主，這些神童大半就讀青草國小，所以三天香路一定會繞進青草國小校園，目的除了潔淨這塊教導青草崙兒童的校園，更以青草國小校園為上下午班的停歇地點，後來受到少子化的影響，神童來源不易取得，神童的來源已不再侷限居住在青草崙的孩童，擴大到許多搬到庄外的原青草崙庄民，但也因為如此，每到香科期間，離開村莊的庄民都會回來貢獻一己之力，讓平常時冷清的庄裡巷道，頓時熱鬧非凡。

除了首科是用人工扛抬之外，第二科開始都是改採裝輪推動方式出陣

早期蜈蚣陣會繞進青草國小潔淨校園並換班

【五大陣】青草崙・紫金宮・百足真人蜈蚣陣

陣法典故與特色
Legends and Characteristics of Battle Formations

武陣

蜈蚣陣架棚

　　香科活動開始前一天會進行架棚，因此在架棚前，庄民會在青草崙蜈蚣壇前的廣場，將 18 塊木板組成的蜈蚣輪車組裝好，並檢查每一個環節，確保在三天的香科過程中，萬無一失。架棚當天早上會先安裝蜈蚣頭、尾，同時恭請西天佛祖降駕手轎仔來為蜈蚣頭、尾進行開光儀式，這個儀式很重要，除了賦予蜈蚣神威之外，不同於土城香其他陣頭需要到聖母廟向媽祖領旨，青草崙蜈蚣陣直接在蜈蚣壇前向西天佛祖領旨，榮封為「百足真人」。因此，青草崙蜈蚣陣屬於「榮封陣」。

　　開光之後，再恭請西天佛祖至蜈蚣陣坐鎮。此時，扮演歷史人物的 36 位神童及扛工已經在蜈蚣壇前廣場集合完畢，並陸續幫神童著裝。蜈蚣陣在出發前往聖母廟之前，神童及扛工均需先飲用西天佛祖勒令的符水（又稱爐丹），以確保平安，接著將著裝好的神童抱上蜈蚣棚，出發前照例在蜈蚣壇前的廣場試推三圈，確保安全無虞才啟程前往鹿耳門。

　　蜈蚣陣在抵達鹿耳門聖母廟衙門前隨即駐輦，供民眾「躦轎腳」，神童也會利用駐輦的時刻，將手中的平安糖分送給圍觀的信徒，祈求一切平安，西天佛祖降駕手轎仔進到衙門內向王府參拜，香醮會主任委員自正案公手中接過榮封旨牌後，隨即步行來到蜈蚣陣前面跪下，雙手捧高榮封旨牌，轎仔手再接過榮封旨牌後，馬上將榮封旨牌安置在蜈蚣頭西天佛祖前方，然後開始囷廟三圈後，隨即返回青草崙蜈蚣壇。

接下來三天的香科期間,蜈蚣陣每天出香前只需到聖母廟參拜,同時困廟三圈後才可出發,每日香路遶境結束返回青草崙前,亦需到聖母廟參拜,再困廟三圈後才可出發返回青草崙蜈蚣壇,在第3天回到聖母廟繳旨之後,返回青草崙蜈蚣壇之際還需要請西天佛祖降駕為蜈蚣陣舉行「退神」,恭送百足真人返回天庭述職。事後再供奉蜈蚣頭、尾返回聖母廟佛祖殿,安奉於觀音佛祖神像旁。[12]

青草崙蜈蚣陣直接在蜈蚣壇前向西天佛祖領旨,榮封為「百足真人」

12　周宗楊、吳明勳(2016),《鹿耳門聖母廟土城仔香》,臺南市:臺南市政府文化局。

開光點眼之後，西天佛祖坐鎮在蜈蚣陣前面，跟隨蜈蚣陣進行遶境

各柱負責的長輩幫扮演神童著裝，準備坐上蜈蚣棚遶境

蜈蚣陣在抵達鹿耳門聖母廟衙門前隨即駐輦，供民眾「躦轎腳」，祈求平安順利

香醮會主任委員將榮封旨牌送到蜈蚣陣前，由轎仔手再接過榮封旨牌後安置在蜈蚣頭西天佛祖前方

【五大陣】青草崙・紫金宮・百足真人蜈蚣陣 | 29

蜈蚣図仔將手中的平安糖分送給圍觀的信徒，祈求一切平安

每天出香前以及當天遶境結束後都要到聖母廟參拜，並困廟三圈。

蜈蚣陣戲碼

青草崙蜈蚣陣上面的人數固定 36 人，出巡的戲碼主要是以唐太宗出巡為主，這些角色是由西天佛祖降駕指示，主要都是唐朝的歷史人物，三天的香路均要先前往聖母廟拜廟，同時困廟三圈才可以出發，出陣的戲碼根據香路不同而有差異，如果香路是往北方庄頭遶境，則命名為「羅通掃北」；若香路是往東方庄頭遶境，則命名為「薛仁貴征東」；若香路往西方庄頭遶境，則命名為「薛丁山征西」。[13]

◇ 羅通掃北

主要是講述唐太宗李世民御駕親征北番，中計被困鎖陽城；羅通憑著「羅家鎗」在校場考奪帥印，與秦懷玉、程鐵牛等眾小英雄率領大軍前往救援的故事，主要是看北番如何計誘唐軍，甕中捉鱉；看羅通與屠爐公主如何陣前訂盟，結下惡緣；看程咬金如何冒死求救、蘇定方如何耍弄羅通。

◇ 薛仁貴征東

主要是講述唐朝貞觀年間薛仁貴東征的過程。征東指的是貞觀 19 年時，唐太宗李世民下令征伐高句麗，薛仁貴應募從軍，雖然被埋沒在火頭軍中，但是卻屢立奇功，在軍隊阻擊敵人援軍時，穿著白色戰甲手持方天化戟驍勇善戰，成功擊退高句麗的莫離支，但是他所有的功勞，都被奸臣張士貴的女婿何宗憲冒領，後來經過元帥尉遲恭詳細偵察後才水落石出，最後，張士貴被治罪，薛仁貴被封為平遼王。[14]

13　吳宗勳整理（2024 年 6 月 28 日），〈郭金田訪問記錄〉。郭金田，青草崙人。
14　朱傳譽（2013），《薛仁貴征東》，臺北：東方出版社。

◇ 薛丁山征西

　　主要是講述唐朝貞觀年間，薛仁貴征東有功，被封為平遼王。因與皇叔李道宗結怨，被陷下獄。幸於危急之際，西涼哈迷國侵犯邊境，徐茂公力薦薛仁貴掛帥征戰，逃過此劫。薛仁貴征西過程中，誤中圈套，被困鎖陽城，為蘇寶童的飛鏢所傷。當他傷重昏迷、魂遊地府之際，得知兒子薛丁山尚在人間，並知道自己與兒子有一段難解死結，這段故事對於薛丁山請纓西征救父、大戰樊梨花等故事均有精彩的描述。[15]

在青草崙蜈蚣陣中羅通位於第4柱，主要由邱天陣等共5戶人家負責

15　朱傳譽（2013），《薛丁山征西》，臺北：東方出版社。

薛仁貴是歷史上唐朝名將，穿著白色戰甲，手持方天化戟，驍勇善戰

薛丁山征西的戲碼中，樊梨花的角色反而比薛丁山更廣受民間所熟知，例如：移山倒海

【五大陣】青草崙・紫金宮・百足真人蜈蚣陣 | 33

◇ 青草崙蜈蚣陣歷史人物介紹

編號	歷史人物	人物特色
01	探子馬	軍中從事偵探的報馬仔。
02	秦漢	秦瓊之孫、秦懷玉長子，王禪老祖收為徒弟，能飛天遁地，後被封為定西侯，娶刁月娥為妻。
03	竇一虎	王禪老祖徒弟，有地行之術。在征西中做了不少諜報工作，功勞很大，被封為鎮國侯，鎮守白虎關，娶薛金蓮為妻。
04	羅通	越國公，羅成之子，掃北時殺死蘇定方，引起蘇寶童下戰書。後隨薛丁山征西，為征西的先鋒部隊。
05	羅仁	羅仁是羅通母親過繼來的兒子，他是一位神力過人的傳奇小將，千斤神力與一對兩百多斤的銀鎚，讓他成為唐軍中的第一猛將。
06	尉遲青山	尉遲寶林的兒子，擅長使用鋼鞭。
07	劉瑞	秦漢跟隨樊梨花攻打沙江關時，收入麾下的徒弟。
08	羅章	羅通之子，父親死後，為征西先鋒部隊。
09	薛應龍	大唐薛舉四代玄孫，玉翠山上遇樊梨花欲娶為妻，但因比武敗陣，被樊梨花收為義子。

編號	歷史人物	人物特色
10	程千忠	程咬金之孫，是程家最為出色的一員戰將，他已經將程家三斧頭練成了套路招法。
11	陳金定	陳雲之女，武當聖母徒弟，於烏龍山救薛丁山一命。為了報答救命之恩，由薛仁貴做主許配給丁山，為薛丁山二妻。
12	竇仙童	棋盤山竇建德之孫，黃花聖母徒弟，擅用捆仙繩，薛丁山元配。
13	薛丁山	薛仁貴之子，幼時射雁，卻被父親誤射而死，後來被王敖老祖所救，習武七年後征西救父，被任命為二路征西元帥，平西回國之後，被封為兩遼王。
14	刁月娥	西涼國玄武關總兵刁應祥之女，擅用攝魂鈴。與秦漢有宿世姻緣，歸順唐嫁給秦漢。
15	薛金蓮	薛仁貴之女，桃花聖母傳授兵法，有六丁六甲護身神，隨薛丁山征西，後透過程咬金作媒，嫁給竇一虎。
16	樊梨花	樊洪么女，梨山老母徒弟，與薛丁山有夙世良緣，程咬金做媒成親。法力無邊，後為征西元帥，因為功勞很大，唐高宗加封為威寧侯。
17	李治	唐高宗，李世民駕崩後御駕親征，在位時，唐代的版圖達到最大。
18	秦夢	秦瓊之孫，駙馬秦懷玉次子，秦漢胞弟，擅長秦家鐧法和秦家槍法，也專精錘法。

◇ **青草崙蜈蚣陣歷史人物介紹**

編號	歷史人物	人物特色
19	李慶仙	八大御總兵之一（火頭軍），李慶紅胞弟，原為東遼相思嶺總兵官，薛仁貴征東後降唐，擅用蔡陽刀。
20	尉遲寶慶	唐代時期大臣，名將鄂國公尉遲恭之子，擅用使用長槍。
21	李慶紅	八大御總兵之一（火頭軍），李慶仙胞兄，原在烽火山為大寨主，薛仁貴征東後降唐，擅用大砍刀。
22	程鐵牛	程咬金長子，隨薛仁貴征西，保駕李世民。
23	周文	八大御總兵之一（火頭軍），周武兄長，原為東遼摩天嶺守將，薛仁貴征東後降唐。
24	周武	八大御總兵之一（火頭軍），周文胞弟，原為東遼摩天嶺守將，薛仁貴征東後降唐。
25	姜興本	姜興霸的弟弟。身高九尺，驍勇善戰，薛仁貴征東後降唐，擅用丈八蛇矛。
26	周青	八大御總兵之首（火頭軍），薛仁貴結義兄弟，善用一對鋼鞭，舞藝高強，為八總兵中最驍勇善戰的一位。
27	姜興霸	八大御總兵之一（火頭軍），原為東遼烽火山的二寨主，薛仁貴征東後降唐，擅用鋼槍。

編號	歷史人物	人物特色
28	王心鶴	八大御總兵之一（火頭軍），王心溪兄長，原為東遼相思嶺總兵官，薛仁貴征東後降唐，擅用長槍。
29	王心溪	八大御總兵之一（火頭軍），王心鶴胞弟，原為東遼相思嶺總兵官，薛仁貴征東後降唐，擅用掌中白纓槍。
30	尉遲寶林	唐代時期大臣，名將鄂國公尉遲恭之子。門蔭入仕，授衛尉少卿，襲封鄂國公。
31	秦懷玉	秦瓊之子，當朝駙馬，娶了唐太宗女兒晉陽公主。隨薛仁貴征西，為先鋒部隊，擅用祖傳雙鐧。
32	薛仁貴	平遼王，與柳金花育有薛丁山與薛金蓮（龍鳳胎）。白虎精轉世，征西過程中，於白虎山現出原形而遭薛丁山射中。
33	程咬金	唐朝開國名將，凌煙閣二十四功臣之一。征西過程中善用巧智騙出番營，入中原討兵，薛丁山揭榜帶隊征西。
34	魏徵	隋唐政治家，曾任諫議大夫，以直諫敢言著稱，是中國史上有名的諫臣，輔佐唐太宗創建「貞觀之治」大業，被後人稱為「一代名相」。
35	徐茂公	英國公，大唐軍師，歷事唐高祖、唐太宗、唐高宗三朝，深得朝廷信任和重任，被朝廷倚之為長城。
36	李世民	唐太宗，唐朝皇帝，為中國歷史上著名的政治家、軍事家、民族共主，開創了奠定唐朝立國基礎的「貞觀之治」，因此成為唐代乃至中國歷史上最享負盛名的皇帝之一，亦是為後世爭相效仿的明君典範。

蜈蚣陣神童的粉面

　　扮演歷史人物神童需要在穿上裝扮的戲服之前完成化妝，一般都會請歌仔戲戲班人員協助化妝，這個過程稱之為「粉面」，扮演神童分上、下午兩班，上午班的 36 位神童為了可以準時在清晨六點起鼓前往聖母廟拜廟，需分梯次最早需在清晨 3 點就到青草里活動中心化妝；下午班的 36 位神童則在上午 9 點過後分梯次化妝，化完妝之後，就不能再用手去碰觸化妝的臉。

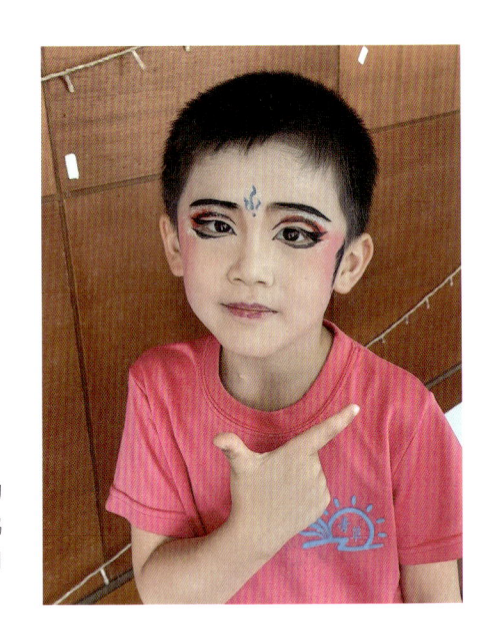

扮演神童的幼童需要依照規定的時間到青草里活動中心由戲班協助化妝，化完妝後，盡量不要用手碰觸以保持妝容的完整

　　一般來說，粉面會依照下面這些步驟，除了粉底和腮紅之外，有的老師會先上口紅、有的老師會先處理眼睛，處理眼睛部位也會調整順序，這個會根據現場小朋友的反應調整，通常在粉面之前，老師都會詢問家長孩子是扮演哪一個歷史角色人物，接著老師會根據該人物在戲臺上的角色形象進行妝畫，所以大致上會有下面的步驟：

◇ 上白色粉底　　step 1

粉面的第一步，打上白色粉底才可以更好處理其他部位，且讓腮紅、口紅、眼睛等臉部特徵更明顯。

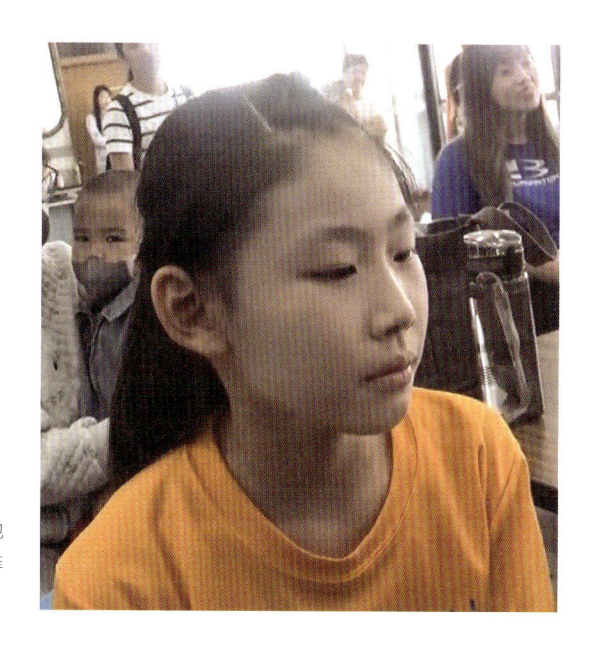

上粉底是為了可以更好處理其他部位，並讓腮紅、口紅、眼睛等部位更顯著

◇ 上粉紅色腮紅　　step 2

粉紅腮紅可以讓人物面部看起來更漂亮、更有精神。此時也會順便處理鼻子，透過簡單的色粉陰影處理，讓鼻子看起來更立體！

◇ 上紅色口紅　　step 3

紅色口紅可以讓人物面部看起來更漂亮、更有精神，扮演女武將的孩子的嘴型會稍微畫更飽滿，而且會順便在嘴角「點痣」喔！但是不是每一位女武將都會點痣，最有名的應該是「樊梨花」。

紅色口紅可以讓人物面部看起來更漂亮、更有精神，扮演女武將的孩子的嘴型會稍微畫更飽滿

◇ 畫眼線、處理眼尾　　step 4

　　畫眼線是最不舒服的時刻，因為非常靠近眼部，孩子會有強烈的異物感，如果無法忍受，臉部會動來動去，非常考驗老師的妝畫技術。畫完眼線，繼續處理眼皮，會上白色粉，讓眨眼睛的時候，特徵比較明顯，處理完眼皮，繼續處理眼尾，眼尾會畫朝上，讓整個眼部看起來更漂亮！

　　基本上，上面四個步驟完成後，除了點「痣」，尚還無法明確區分神童扮演之歷史人物的性別，接下來的步驟，就可以較清楚區分出妝畫人物的性別。

◇ 畫眉毛　　step 5

　　一般來說，男武將眉毛粗厚紮實，女武將眉毛纖細秀氣，在朝廷的官員或是德高望重或權臣眉尾會再更濃密一點，畫完眉毛後，會在眉尾處撒點亮粉，讓人物看起來更美麗！

◇ 畫鬢毛　　step 6

男武將的鬢毛粗厚紮實，女武將的鬢毛則較細長。

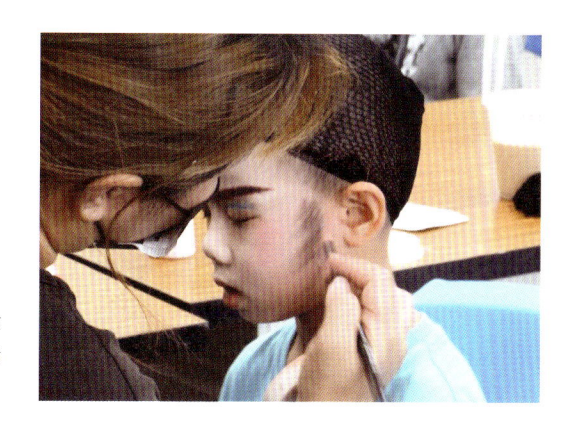

如果扮演的角色是男武將，化妝師會將鬢毛畫的更粗厚紮實，看起來更有霸氣

◇ 眉心花畫上不同印記　　step 7

最後則在眉心之處畫特殊印記，男武將通常畫火焰的線條，女武將則會畫比較柔和的線條，妝畫老師也會詢問小朋友喜歡畫哪一種圖案，所以也會出現是畫可愛小花的線條，但是並不是真的畫上花，是那個形狀造型仔細觀察，可以讓人聯想到花。

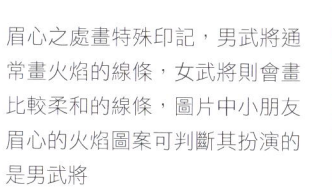

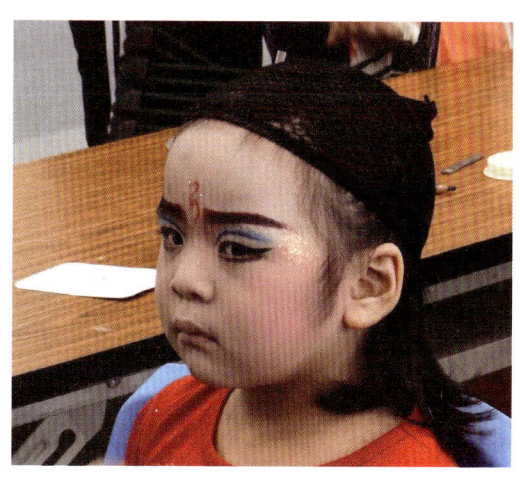

眉心之處畫特殊印記，男武將通常畫火焰的線條，女武將則會畫比較柔和的線條，圖片中小朋友眉心的火焰圖案可判斷其扮演的是男武將

【五大陣】青草崙・紫金宮・百足真人蜈蚣陣

蜈蚣陣的禁忌

關於青草崙蜈蚣陣的禁忌大致上有下列幾項：

◇ 問話的禁忌 [16,17,18]

當神童已經穿上戲服準備上蜈蚣棚時，千萬不可問：「你會不會渴？」、「會不會想要尿尿？」等問題，否則該神童在遶境的過程中將會不斷地想要吃東西、喝水或是上廁所。

◇ 神童身分的禁忌

非青草崙的兒童不可以坐蜈蚣：曾經有一位庄民堅持要讓自己外孫扮演神童，當這孩子一坐上蜈蚣棚時，突然放聲大哭，一直哭不停，說頭很不舒服，會痛！但是這個時候卻又無法臨時找到一個人代替，因為蜈蚣陣已經要出發了，正當大家不知如何是好的時候，只好請示神明，神明告示說：「把帽子脫下來！」這是因為遶境前一天到聖母領旨時，神明都會指派天兵天將來保護神童，所以每頂帽子都有「官印」，亦即有天兵天將在保護。只需將在哭的小孩頭上的帽子脫下來，改戴其他普通的帽子或是乾脆不戴後，孩子的頭就不痛了，這個時候再請神明出爐丹給小孩吃後，就順利乘坐蜈蚣陣！

16　吳宗勳整理（2024 年 6 月 20 日），〈郭萬山訪問記錄〉。郭萬山，青草崙人。
17　吳宗勳整理（2004 年 9 月 9 日），〈魏新典訪問記錄〉。魏新典，青草崙人。
18　吳宗勳整理（2024 年 6 月 28 日），〈郭金田訪問記錄〉。郭金田，青草崙人。

◇ 神童的家事忌諱

家裡面有剛產下嬰兒但未滿月之孕婦的兒童，或曾進入該孕婦家之兒童均不得扮演神童。從里長口中我們得知里長以前的經驗：

> 我從差不多十歲這個年紀，青草里就開始有蜈蚣陣，不過我並沒有坐蜈蚣，因為我當時犯了「月內犯」，月內犯就是當時我的嬸嬸生小孩，但還未滿月，因為我隔天要坐蜈蚣，所以不能進去嬸嬸家，當天我只在嬸嬸家門外探頭，並沒有踏進嬸嬸家，不知道誰從我後面Ａ我，害我一腳踩進去，但我很快的將腳縮回來，回家沒多久後就開始不舒服，大腿腫起一個像包子似的腫瘤，頭也開始發燒，整個人真的很不舒服！這時候媽媽說我一定是犯「月內犯」，我心想：「也只有踩進那一腳而已啊！」媽媽告訴我說我已經不能坐了！後來由小我一歲的堂弟坐，更奇怪的事，遶境當天我堂弟去坐蜈蚣陣的時候，我已康復，而且還可到現場看蜈蚣陣的活動！

◇ 特定狀況的避諱

正值生理期的女孩子或是家裡有喪事、披麻戴孝中的人也切記不要靠近蜈蚣陣。至於生肖屬雞的兒童是否被禁止擔任神童這一點，由於青草崙蜈蚣陣已經榮封為「百足真人」，所以對於扮演神童的生肖並沒有禁忌。

發展現況與扎根傳承
Development status and inheritance

青草崙蜈蚣陣的特色

　　土城香從 1961 年成香後，經過 60 多年不間斷的辦理香科活動，不僅凝聚了土城地區各地庄民的向心力，青草崙蜈蚣陣更展現出不同於其他地區的特色，具體來說，可以發現有下列幾點：

◇ 固定形制蜈蚣頭尾

　　青草崙蜈蚣頭、蜈蚣尾是採用固定形制，其他地區則是當科香科活動完成後即焚燬，由於青草里並沒有廟宇，所以蜈蚣頭、尾平常與西天佛祖一起供奉在聖母廟佛祖殿二樓正殿神龕，每當香科活動前四個月，青草里庄民依舊例先迎請西天佛祖到村裡坐鎮，等到香科遶境前三天，再請回蜈蚣頭、蜈蚣尾裝閣，而架設蜈蚣的各項設施則放置於舊庄民活動中心，所迎回佛祖也一起奉祀在這裡，活動中心外面有一橫匾，名叫做「青草崙蜈蚣壇」。

◇ 陣長人數固定，神童輪坐以均受庇佑

　　青草崙蜈蚣陣長度固定，裝閣人數為 36 人，主要是以「唐太宗出巡」為戲碼，出巡香路若是向東，則命陣為「薛仁貴征東」；出巡香路若是向北，則命陣為「羅通掃北」；出巡香路若是向西或向南，則命陣為「薛丁山征西」；由於村內人數眾多，當初組閣分配扮演角色時，採「跋公杯」的方式決定由固定 5 至 6 戶一起輪流扮演同一角色，目的就是讓每一戶兒童都有機會坐上蜈蚣陣扮演神童，而且這種輪坐蜈蚣陣的方式，不但可以讓兒童不必連續三天全程參與遶境活動，也讓村內每一位兒童都可以得到蜈蚣神的庇佑。

青草崙蜈蚣頭、蜈蚣尾是採用固定形制，只有在香科活動時才會迎請回青草崙

青草崙蜈蚣陣長度及人數固定，扮演神童的小孩分上、下午兩班，讓每一柱的孩子都可以得到神明的庇佑

【五大陣】 青草崙・紫金宮・百足真人蜈蚣陣 | 45

◇ 特別重視人物的裝扮

青草崙蜈蚣陣扮演的神童均經過專業化妝師依據各個歷史人物加以化妝打扮，根據化妝負責人吳李愛珠女士所言，她參與各地的蜈蚣陣後，發現青草里蜈蚣陣最重視人物的裝扮，所以每科香科活動，扮演上午班神童的兒童均需在凌晨3點分批陸續到青草里活動中心接受化妝，下午班神童則需要在上午9點開始接受化妝。[19]

◇ 華麗裝閣服裝，不惜成本手工縫製

青草崙蜈蚣陣中，每個人物的裝閣服裝。由扮演同一角色的這幾戶人家負責自行製作，參與家長為了讓自己的孩子可以打扮的更加華麗出眾，均不惜成本請戲服專賣店手工縫製屬於自己特色的服裝，其他地區蜈蚣陣則泰半由廟宇統一訂做，在經費固定的限制下，並無法與青草崙蜈蚣陣相提並論，因此，青草崙蜈蚣陣更以其華麗的服飾展現其另一特色。

◇ 講究蜈蚣身軀，陣勢更顯威風

青草崙對於蜈蚣身軀也相當講究，除了在蜈蚣身軀蓋上一層三角形紅色布幕，讓蜈蚣看起來更顯威風，同時，每一角色用以遮陽的陽傘、放置東西的香籃、座椅等等均採統一樣式，目的讓蜈蚣看起來整齊一致。另外，在香科遶境的過程中，通常清晨6點出發，中午12點換班，一直到晚上9點左右，甚至接近半夜才會回到庄內，為了讓蜈蚣在晚上看起來更漂亮，在蜈蚣棚另外安裝神燈，當天色一暗，打開神燈後，遠遠看過去相當壯觀。

19　吳宗勳整理（2004年9月9日），〈吳李愛珠訪問記錄〉。吳李愛珠，土城人。

青草崙蜈蚣陣每一個神童角色均不一樣，不僅華麗也各具特色

青草崙蜈蚣不僅身軀蓋上一層三角形紅色布幕，也加上漂亮的陽傘以及夜間照明設備

【五大陣】青草崙・紫金宮・百足真人蜈蚣陣

蜈蚣陣目前的傳承

青草崙蜈蚣陣是極具地方特色的文化，屬於土城香的陣頭之一，對於這樣的社區在地文化，社區的居民更是齊心協力共同維持這樣的文化傳統，希望可以將維繫庄民同心的地方文化一直延續。具體而言，蜈蚣陣目前進行的傳承有下列幾項：

◇ 居民共同參與以凝聚向心力

對於青草居民而言，蜈蚣陣是他們的共同回憶，更是他們的驕傲，因此每三年一次的香科大典，在外地工作的居民一定會返回青草里，共同參與這個活動，有錢出錢，有力出力，大家一起完成這樣神聖的任務。

就像 2024 甲辰科蜈蚣陣總召郭金田爺爺說的：[20]

> 這是咱們青草里的大事情，大家就一起來完成這件事情，讓整件事情圓滿。

負責 32 柱薛仁貴的郭東山爺爺也說：[21]

> 我跟住在青草里每一個人一樣都很重視蜈蚣陣，這是我們的榮耀，再辛苦也要把他完成。

◇ 學校規劃藝陣課程進行傳承

過去扮演神童的孩子有超過一半就讀青草國小，後來因為少子化原因，扮演神童的學生逐漸由更多不住在青草社區的孩童扮演，為了讓社區孩子更了解這項極具地方色彩的文化，青草里所在的青草國小

20　吳宗勳整理（2024 年 6 月 28 日），〈郭金田訪問記錄〉。郭金田，青草崙人。
21　吳宗勳整理（2024 年 7 月 1 日），〈郭東山訪問記錄〉。郭東山，青草崙人。

老師設計了一系列關於蜈蚣陣的在地課程，帶領青草里的孩子從認識蜈蚣陣的由來，了解蜈蚣陣的典故及組閣方式，到實際訪問社區耆老、認識粉面，了解蜈蚣陣裝扮的英雄人物的歷史典故，都是為了將這項珍貴的文化資產，透過課程的實施延續下去。

◇ 設置粉絲專業進行數位典藏

資訊科技的時代，透過資訊進行數位典藏，可以讓文化的傳承更便捷，有感於蜈蚣陣的活動資料並沒有一個完整的資料庫，青草里庄民陳冠文先生在2018年戊戌科成立青草崙蜈蚣陣的粉絲團（已更名「青草崙紫金宮百足真人」），提供給所有參與蜈蚣陣活動的親朋好友，自發性的上傳屬於自己家族負責的蜈蚣陣活動資料及照片，這項活動雖然剛起步，卻可以為每一次香科活動留下歷史的見證。

每一次蜈蚣陣出陣，至少都是200位人力的出動，因為蜈蚣陣凝聚了青草崙庄民的向心力

2024 年土城仔香起鼓日之青草崙百足真人蜈蚣陣

2024 年土城仔香頭日香之青草崙百足真人蜈蚣陣

2024年土城仔香二日香之青草崙百足真人蜈蚣陣手轎仔

俯瞰土城仔香青草崙百足真人蜈蚣陣之綿延陣仗

【五大陣】 青草崙・紫金宮・百足真人蜈蚣陣 | 51

*Chapter

2

【五大陣】
砂崙腳・清聖宮・八家將

作者：吳宗勳

起式 | 歷史淵源
Historical Origins

　　自從 1958 年發生「北港媽」事件，土城仔保安宮及轄下的各角頭因此退出「西港仔香」，並自 1959 年起連續二年舉辦「鹿耳門媽」出巡安南區遶境活動，1961 年農曆 3 月中下旬啟建「辛丑香科」，是為首科「土城香」，此後定三年一科，每逢丑、辰、未、戌年舉行，砂崙腳屬於土城地區的十一角頭之一，負責籌組八家將，首次出陣參加土城香是在 1967 年。對於，參與八家將對砂崙腳的庄民來說意義非凡。

擔任砂崙腳首科八家將的王文德爺爺說：[22]

　　當初參加八家將的人必須是砂崙腳的人，且都要合八字，我很幸運擔任文差爺，訓練過程很辛苦，因為所有的工作都是從無到有，但是想到是幫媽祖做事，是代表砂崙腳的陣頭，辛苦都是值得的。

擔任武差爺的林寶財說：[23]

　　當初會跳八家將其實就是我對這屬於砂崙腳特別的文化，抱持一種極大的熱忱，更是一種使命感，有必要將這樣的文化傳承下去。

參與過八科香科，擔任范大爺的陳宗延說：[24]

　　這些都是從小時候看到大的將神，總是要有一個傳承，這不只是我們村莊的大事，也算是十一角頭的大事。

22　吳宗勳整理（2024 年 6 月 20 日），〈王文德訪問記錄〉。王文德，砂崙腳人。
23　吳宗勳整理（2024 年 6 月 20 日），〈林寶財訪問記錄〉。林寶財，砂崙腳人。
24　吳宗勳整理（2024 年 6 月 20 日），〈陳宗延訪問記錄〉。陳宗延，砂崙腳人。

每到香科年遶境活動之際，各大陣頭繞行在村莊大街小巷，陣頭所到之處無不萬人空巷，對砂崙腳這些扮演家將的庄民而言，雖然平常白天忙於工作，但是這些兒時就烙印在記憶中的香科回憶，是促使他們願意在每一次的香科活動前，利用夜間聚集在清聖宮前面廣場進行練習，縱使過程辛苦卻樂此不疲，只為了將屬於砂崙腳的在地文化，驕傲的傳承下去。

砂崙腳八家將成員均由砂崙腳的庄民負責扮演，對他們來說意義非凡

每一次香科活動前，利用夜間聚集在清聖宮前廣場進行練習

【五大陣】砂崙腳‧清聖宮‧八家將 | 55

砂崙腳八家將的起源

天地運行、日月光照,均有定數,根據砂崙腳清聖宮落成碑記記載:

> 地方之耆老言土城乃一吉地也,因早期在鹿耳門溪之北面生有七座天然土崙拱護土城名曰:砂崙、長崙、尖崙、大崙、圓崙、馬蘇騰崙、青草崙,俗稱「七星墜地」。日積月累、歲月變遷,土城之前賢漸漸由鹿耳門港北遷至今日之所在,然而遷移過程中因土城地區地勢較低,所以先人乃叩石墾壤挑土填地,導致這七座砂崙慢慢被剷平了。……原本之砂崙,乃是在今什份塭之間,目前之地勢也是土城地區之最高點,地方之耆老乃稱之為砂崙頂,而本庄是在這片砂崙之下集結成庄,故名曰砂崙腳。

砂崙腳村名之由來,顧名思義乃是居住在一砂崙之下的村莊。碑記並記載:

> 砂崙腳供奉的主神是吳府千歲,原係由西寮陳氏宗親從後港主廟分靈而來,……吳府千歲來到本庄之後即保佑全村居民平安順遂,深得村民愛戴,香火鼎盛。

鄭成功登陸鹿耳門重興聖母史記至今日已逾 400 年,因為先民在這塊土地上的開荒拓土,一起見證歷史的變遷與發展,也造就了土城正統鹿耳門聖母之香醮,三年一科,每逢丑年、辰年、未年、戌年均設香醮,禳災祈安,驅邪鎮煞,造福萬民,使得地方繁榮發展,吳府千歲並曾於正統鹿耳門聖母廟香醮中擔任開路先鋒。而在這個歷史脈絡下,由土城鹿耳門聖母廟主辦的土城香,當時港仔西即組有大鼓花陣、中洲寮有牛犁歌,後來因為人數不足導致中斷,而另組鬥牛陣,現今鬥牛陣也已經解散,改另聘請職業陣頭參加香科,加上原本郭岑寮角的金獅陣、虎尾寮角的宋江陣以及蚵寮角的白鶴陣。[25]

砂崙腳清聖宮落成碑記清楚記錄
先民到砂崙腳開墾的歷史以及八
家將的組成背景

　　1966年冬天，鹿耳門聖母廟即將舉辦第三科香，鼓勵各角頭能夠籌組自己的陣頭，以便參加隔年舉辦的香科，砂崙腳當時並沒有自己的陣頭，當時砂崙腳的耆老們開會討論，決定籌設八家將陣，除了到臺南佳里區百年家將館吉和堂，聘請師傅並迎回八家將主神李府大神回到清聖宮，最後由鹿耳門媽與砂崙腳吳府千歲向上蒼請旨。地方耆老回憶當初的情形：[26]

　　　　當初各角頭都已經有陣頭，砂崙腳村民人數也沒有多到可以組成宋江陣或是蜈蚣陣，由於過去吳府千歲曾擔任開路先鋒以及現今土城地區各角頭的陣頭尚未有八家將，八家將主要有收驚祭改，祈求平安的功能，是刈香中重要的陣頭，於是社區耆老開會決定籌設八家將陣。

25　周宗楊、吳明勳（2016），《鹿耳門聖母廟土城仔香》，臺南市：臺南市政府文化局，頁57。
26　吳宗勳整理（2024年6月20日），〈王文德訪問記錄〉。王文德，砂崙腳人。

砂崙腳八家將將腳的選擇依據，是由砂崙腳壯丁的生辰八字合對，選定人員訓練成陣，以配合鹿耳門媽三年一科之香醮。砂崙腳的耆老特地到佳里吉和堂聘請黃水波堂主到砂崙腳教授八家將，由於當時國姓橋尚未開通，黃水波必須走西港大橋繞路才能抵達土城地區，路途相當遙遠艱辛，於是黃水波先生請砂崙腳先派人來佳里吉和堂學習基本的腳步。大約過了兩到三星期的練習熟練腳步後，砂崙腳每晚派計程車到佳里吉和堂接黃水波、黃錦輝及黃震星到砂崙腳教陣式，八家將成立之後，由主神吳府千歲定名為「吉勝堂」，並在隔年正式參加丁未科（1967）土城香，清聖宮八家將只有三年一科的土城香才會成軍，現今總教練為吉和堂黃震星，到2024年為止黃震星教練已經參與砂崙腳八家將陣滿20科了，也算是半個砂崙腳的居民了。[27]

砂崙腳耆老開會決議組八家將，並迎回佳里吉和堂八家將主神李府大神令牌及吉勝堂八家將令旗

現今砂崙腳清聖宮吉勝堂八家將總教練黃震星，已參加土城香科活動滿20科

27　吳宗勳整理（2024年4月5日），〈黃震星訪問記錄〉。黃震星，砂崙腳清聖宮吉勝堂八家將總教練。

砂崙腳八家將在香科陣頭的全名「正統鹿耳門聖母廟駕前八家將」

砂崙腳八家將堅持遵循傳統臉譜並照規制裝扮,在現今八家將團中少之又少

【五大陣】砂崙腳・清聖宮・八家將

砂崙腳八家將的傳說

　　一般而言，社會大眾對八家將與官將首、五毒陣、跳鍾馗等一些有畫臉譜的陣頭，經常很容易混為一談，其實八家將有其淵源可以考究，根據學者對於傳說及文獻的考證，歸納大致有五種之說法：[28]

- ① 大洞君下凡，轉世為五福大帝之部將。

- ② 清末五靈公的部將。

- ③ 地藏王菩薩東嶽仁聖大帝之護法部將。

- ④ 城隍爺所收服之好漢或城隍爺部將之化身。

- ⑤ 大戶人家之家丁或清代縣衙巡撫、審堂系統之神格化。

砂崙腳清聖宮吉勝堂八家將師承佳里吉字號開基祖廟吉和堂，陣法、臉譜不僅蘊藏傳統特色，更展現多元豐富的特色

28　葉鎮嘉（2019），《臺南市佳里區吉和堂八家將研究》，臺南大學國語文學系碩碩士論文，頁16。

根據黃震星教練的講述，[29] 砂崙腳八家將是屬於東嶽仁聖大帝地藏王菩薩之部將，家將主神為李府大神，流傳至今，砂崙腳八家將陣式成員，共分刑具爺、文差爺、武差爺、甘爺（大神）、柳爺（大神）、謝爺（將軍）、范爺（將軍）、春神方將軍、夏神楊將軍、秋神何將軍、冬神孫將軍共十一位，其中甘爺、柳爺、謝爺、范爺稱為四大神，而方將軍、楊將軍、何將軍、孫將軍稱為四大將軍或四季神，他們位置之排列如下圖：

	什役 刑具爺	
文差 陳差爺		武差 劉差爺
頭排 甘爺	**四大神**	頭排 柳爺
二排 謝爺		二排 范爺
春神 方將軍	**四大將軍** - 四季神 -	夏神 楊將軍
秋神 何將軍		冬神 孫將軍

29　吳宗勳整理（2024 年 4 月 5 日），〈黃震星訪問記錄〉。黃震星，砂崙腳清聖宮吉勝堂八家將總教練。

神將裝扮及臉譜特徵

　　由於砂崙腳清聖宮吉勝堂八家將師承佳里吉字號開山祖廟吉和堂，吉和堂不僅是臺南市文化局核定的「臺南市定傳統藝術保存團體」，陣法陣式遵循五形八卦原理編排，步伐搭配鼓聲，百年來均遵循傳統未曾改變，臉譜也趨向傳統儉樸，其雖不如一般表演團體的臉譜那樣華麗，但在保留各個角色特色前提之下，砂崙腳八家將師承吉和堂，其家將們的陣法、臉譜遵循傳統，但是依舊可以在顏色、線條上看到其展現多元豐富風格的特色。出陣時，11 位成員角色裝扮及臉譜特徵：

什役

刑具爺（刑將軍），帶陣

◆ **陣中站位**
陣首

◆ **衣服特色**
身穿黑色服

◆ **手持法器**
擔 36 種刑具

◆ **臉譜特色**
畫 X 的臉或花臉

文武差爺

文差（陳將軍），傳達命令

- **陣中站位**
  首排左側

- **衣服特色**
  身穿文生服

- **手持法器**
  左手拿紅色羽扇，右手執文令牌及令旗

- **臉譜特色**
  畫小生臉

文武差爺

武差（劉將軍），傳達命令

- **陣中站位**
  首排右側

- **衣服特色**
  身穿武生服

- **手持法器**
  右手拿紅色羽扇，左手執三籤叉

- **臉譜特色**
  畫紅臉

> **四大神**

甘將軍（甘大神），遇惡即拿，不服戒罰

◆ **陣中站位**
二排左側

◆ **衣服特色**
身穿黑色衣服右肩露半甲，頭戴八角盔也稱為頭排帽

◆ **手持法器**
左手持黑色羽扇，右手持戒棍

◆ **臉譜特色**
稱「陰陽仔」，畫紅黑陰陽臉、嬰兒嘴

> **四大神**

柳將軍（柳大神），遇惡即拿，不服戒罰

◆ **陣中站位**
二排右側

◆ **衣服特色**
身穿黑色衣服左肩露半甲，頭戴八角盔也稱為頭排帽

◆ **手持法器**
右手持黑色羽扇，左手持戒棍

◆ **臉譜特色**
稱「目偉尾仔」，畫紅黑陰陽臉、火焰嘴

四大神

謝將軍（捉大神），捉拿

◆ **陣中站位**
　三排左側

◆ **衣服特色**
　身穿白色或水色衣服右手臂露半甲，頭戴白色高四角帽

◆ **手持法器**
　左手持黑色羽扇，右手持魚枷（魚尾叉）

◆ **臉譜特色**
　即「謝必安」，畫白底蝙蝠面

四大神

范將軍（拿大神），捉拿

◆ **陣中站位**
　三排右側

◆ **衣服特色**
　身穿黑色衣服或深藍色衣服左手臂露半甲，頭戴黑色或深藍色低四角帽

◆ **手持法器**
　右手持黑色羽扇，左手持「賞善罰惡」或「善惡分明」字樣的范牌（虎頭牌）

◆ **臉譜特色**
　即「范無救」，畫黑底潑猴臉

🟠 **四季神**

方將軍（春大神），拷問

◆ **陣中站位**
  四排左側

◆ **衣服特色**
  身穿綠衣服，頭戴綠色冠帽

◆ **手持法器**
  右手持金瓜錘法器，左手白色羽扇

◆ **臉譜特色**
  稱「鳥嘴仔」，畫鳥臉

🟠 **四季神**

楊將軍（夏大神），拷問

◆ **陣中站位**
  四排右側

◆ **衣服特色**
  身穿黃衣服，頭戴黃色冠帽

◆ **手持法器**
  手持蟒蛇法器，右手持白色羽扇

◆ **臉譜特色**
  稱「虎面仔」，畫虎面

66 ｜ 土城香：陣頭文化

四季神

何將軍（秋大神），拷問

◆ **陣中站位**
五排左側

◆ **衣服特色**
身穿紅衣服，頭戴紅色冠帽

◆ **手持法器**
右手持葫蘆法器，左手持白色羽扇

◆ **臉譜特色**
稱「葫蘆仔」，畫葫蘆臉

四季神

孫將軍（冬大神），拷問

◆ **陣中站位**
五排右側

◆ **衣服特色**
身穿紫衣服，頭戴紫色冠帽

◆ **手持法器**
左手持花籃法器，右手持白色羽扇

◆ **臉譜特色**
稱「蓮花仔」，畫蓮花臉

【五大陣】 砂崙腳・清聖宮・八家將

砂崙腳八家將在刈香的定位

　　八家將是廟會陣頭之一，主要屬於武陣，負責捉拿鬼怪妖邪，也有解運祈安、安宅鎮煞的功能，由於砂崙腳八家將只有在三年一科的香科中才會成軍，傳統上具有強烈的宗教性質。根據民間習俗，只要宮廟有成立八家將陣，就算是該宮廟主祀神明的部將，其任務就是負責保護該宮廟主祀神明，砂崙里清聖宮主祀吳府三千歲，在主祀神明遶境期間，由令牌發令八家陣前進，負責走在神明前端開路，稱之為「護駕」。在香科活動的陣頭中，砂崙腳八家將全名為「正統鹿耳門聖母廟駕前八家將」，負責在主轎「鹿耳門媽」神轎到達任一個村莊之前，為該村莊民眾收驚、祭改，庇佑該村莊平安順利。[30]

八家將的任務除了負責保護該宮廟主祀神明，當抵達任一村莊前，都會為民眾收驚祭改

....

30　吳宗勳整理（2024年4月5日），〈黃震星訪問記錄〉。黃震星，砂崙腳清聖宮吉勝堂八家將總教練。

武陣｜陣法典故與特色
Legends and Characteristics of Battle Formations

砂崙腳八家將的操練時程

除非是香科年聖母廟固定參加「蘇厝真護宮」王船醮迎王遶境跋杯出陣，否則砂崙里八家將只有在三年一科的香科活動才會成軍，所以平常在清聖宮並沒有設置武館，只有在香科舉行前的 3 到 4 月前，籌組八家將的清聖宮就會準備「暗館」、「入館」、「開館」、「探館」、「謝館」的各階段操練。

◇ 暗館

八家將只有在香科年才會成軍，必須要有入館的儀式，才能有正式的陣頭館，在入館之前，需先招兵買馬，不僅要找回舊的將腳，也要尋覓新的將腳，近幾年由於少子化，將腳的尋覓日益困難。在入館之前，大家會聚集在清聖宮前廟埕練習步伐及動作，此時不能拿兵器練習，也不能敲鑼打鼓，這一段時期赤手空拳練習時期，稱為「暗館」。

◇ 入館

暗館階段練習過一段時間後，就可以擇日舉行「入館」儀式，砂崙腳八家將屬於清聖宮，所以八家將館設於清聖宮二樓虎爿，在入館時可以直接從正殿神龕恭迎李府大神令牌到虎爿安座即可，安座後，八家將所有成員向虎爿主公參拜，這時代表八家將陣正式成軍，入館後即可以取兵器展開密集的訓練。

◇ 開館

　　入館完畢，八家將成員會利用空閒時候進行操練，一般都是利用晚上下班時候，同時在香科前一個週休假日，前往聖母廟進行「開館」儀式，將這段時間內的操演成果，在「鹿耳門媽」面前展現全部的陣式，藉以驗收操練成果。

八家將館設於清聖宮二樓虎爿

在鹿耳門媽面前進行開館儀式，展現全部的陣式，藉以驗收操練成果

◇ 探館

探館就是前往其他與八家將有淵源的宮廟參拜，因此每科都會前往祖館佳里吉和堂探館，探館又有「發彩大吉」的意義。

◇ 謝館

待香科活動結束後，會由總教練率領全體八家將一起向李府大神跪拜上香，恭送李府大神回歸本位，同時也會賞兵犒賞五營兵將，並辦桌犒賞連日辛苦參加香科遶境的八家將將腳及協助的人員。

八家將出陣前的開面

在八家將出巡當日清晨，會由師傅為各將畫臉譜，八家將的臉譜代表著每一神將的特質與神威。根據教練黃震星表示：[31]

> 以前我會親自為每一位家將開臉，每一位八將都有其代表性的臉譜，只需要將該家將的特徵描繪出來即可，後來才慢慢的將開臉的技巧傳承下去，除了要求呈現重要的特徵之外，剩下的其他部位會讓教練自行發揮，這樣可以呈現出多元的臉譜。

每個家將的臉譜各有其特徵，例如：謝將軍即謝必安，民間傳說遇到七爺出遊，只要跪下謝福，一定可以獲得保佑，因此「一見大吉謝必安」的說明不脛而走；此外，民間傳說謝大神是白鶴精靈修練幻化而成，因此全身雪白為其服裝特徵，臉譜則會開白底蝙蝠面，並在額頭寫上「善」，主要是學習白鶴拳。

---

[31] 吳宗勳整理（2024 年 4 月 5 日），〈黃震星訪問記錄〉。黃震星，砂崙腳清聖宮吉勝堂八家將總教練。

范將軍即范無救，剛好跟七爺相反，民間傳說遇到八爺出遊，則是晦氣當頭，一定會霉運纏身，此外，民間傳說范大神為黑猴精靈修練幻化而成，因此全身黑色為其服裝特徵，臉譜則會開黑底潑猴面，並在額頭寫上「惡」，主要是學習猴拳。

在八家將出巡當日清晨，會由師傅位各將畫臉譜，八家將的臉譜代表著每一神將的特質與神威

謝將軍和范將軍的臉譜及服飾裝扮各有不一樣的特徵，透過特徵差異讓觀眾得以辨識

砂崙腳清聖宮八家將出陣前開面

【五大陣】 砂崙腳・清聖宮・八家將 | 73

八家將的陣法

關於八家將的陣法，是目前很缺乏資料且最難了解者，因陣法的傳授以往是以師徒相傳為主，期間因人為的因素會使陣法逐漸失傳，尤其是一些較複雜的陣法，要擺陣總是非常耗時間且難以傳授，因此很難完整的流傳下來。雖然如此，砂崙腳吉勝堂八家將的平常表演有包含一定的陣法，若能了解及熟悉其陣法的特徵，則在觀賞時會有較深刻的體悟，否則只能看到他們不斷的變換位置，卻不知含義為何。

總教練會在前頭比出相對應的手勢，而家將會根據手勢跳出屬於該陣法的步伐

砂崙腳吉勝堂八家將的每一個陣法，都有一個相對應的手勢，開始之前總教練會在前頭比出手勢，而家將會根據手勢跳出屬於該陣法的步伐。以下簡單說明相對應手勢及陣法使用意涵。[32]

---

[32] 吳宗勳整理（2024年4月5日），〈黃震星訪問記錄〉。黃震星，砂崙腳清聖宮吉勝堂八家將總教練。

74 ｜ 土城香：陣頭文化

陣法對應手勢及使用意涵

陣法名稱	手勢	陣法意涵
一拜禮	右手食指比 1	所有家將排兩行一起參拜。
接陣	右手食指中指比 2	一般由范、謝大神出來迎禮，用來迎接友宮神駕或陣頭。
三拜禮	右手食指中指無名指比 3	兩兩一組依序踩三步後參拜，比一拜禮更為正式。
四門	右手比出 4	四大神一組在前面、四季神一組在後，有祈福之意。
大禮滿彩	雙手各比出 5	刑具、文差、武差及四大神、四季神前後分三列參拜，用於最後行禮。
兩儀四象	用雙手同時比出 2 和 4	甘、柳大神排交叉，謝、范大神如太極般繞逐其中，有祈福之意。
八卦陣	右手比出 8	開陣後，四季神往前移與四大神合為一圈，有祈福和鎮壓之意。
小拜塔又名吐星	搬出 1 張板凳	此陣法有獻上祝壽、祈福的意涵。
連環陣	右手食指在空中比出繞圈的手勢	文、武差爺連續穿越四大神及四季神之間，有祈福之意。
大拜塔雙龍拜塔	搬出 2 張板凳	此陣法有獻上祝壽、祈福的意涵。
七星陣	雙手比出 5 和 7	文武邊兩兩一組採七星步點成陣，通常只有在聖母廟前才會出現，有祈福之意。

　　一般而言，砂崙里八家將都會到與有交陪的宮廟參拜，並視宮廟的活動空間大小來選擇表演的陣法，現在一般廟會中，因為陣頭和神轎眾多，已經不太容易看到擺設全部陣法，通常都是簡單的拜廟或是加入一些小技巧在其中。

八家將的禁忌

◇ 家將扮演角色的禁忌

　　早期砂崙腳八家將的規定極多，如：必須是砂崙腳的男丁，且必須合生辰八字，出陣前三個月前即開始練習、並吃素、且不可近女色、不可有抽煙賭博的行為。後來因為少子化，以及工作經濟等因素，已經寬鬆許多，但仍有幾項不可犯的禁忌：[33]

一　出將前需吃素三天，直到任務完成。

二　不喝酒、不抽煙、不嚼檳榔。

三　一旦開臉，就不可以說話，以盡到做神職的本份。

四　遇到神轎、神明須以羽扇掩面以示尊敬。

五　不得碰觸女性、靠近孕婦。

六　看到喪家或飲食時要以扇掩面。

七　不得擅自脫隊、隨便蹲踞或嬉鬧。

八　飲食前須先「下馬」，飲食完畢「上馬」後再行進，不可在半路行進間飲食，要進行「下馬」時，需先準備桌子一張，供家將們放置令旗法器戒具以及頭盔冠帽，待修整並著裝完畢後，須先上馬後再出發。

33　吳宗動整理（2024 年 4 月 5 日），〈黃震星訪問記錄〉。黃震星，砂崙腳清聖宮吉勝堂八家將總教練。

◇ **參觀者注意事項**

　　對於參觀者而言，觀賞八家將陣也有一些注意的事情，這些注意事項不可不知，以免在不經意中，因為疏忽導致八家將破陣，相關禁忌如下：

一　兵器和將服是不能隨便碰觸的，尤其是女性更應該避免觸犯。

二　兩列中間除非是在為信徒改運，不然不得任意穿越，或站在前面，以避免破陣。

三　已有生理期的女性，傳統上最好不要太接近家將團。

看到神轎、神明須以羽扇掩面以示尊敬，遇到喪家或飲食亦需以扇掩面

【五大陣】砂崙腳・清聖宮・八家將

[傳炬] 發展現況與扎根傳承
Development status and inheritance

　　砂崙腳清聖宮吉勝堂八家將平常是不隨便成陣，只有在土城香香科年才會成陣，加上八家將所有的成員的來源原本各有嚴格的規制和依據，相較於如今各大廟會常出現的表演性質的八家將，不論是臉譜還是裝扮、法器，各團都有很大的差異。但是砂崙腳清聖宮吉勝堂八家將秉持傳統特色，在黃震星師傅的堅持下，堅持遵循臉譜的傳統並遵照規制進行裝扮者，在現今的八家將團中，屬於少之又少的存在。

　　砂崙腳八家將是凝聚砂崙社區向心力又兼具傳統的文化，屬於土城香的陣頭之一，對於這樣的社區在地文化，社區的居民更是齊心協力共同維持這樣的文化傳統，期盼可以將這樣的文化一直延續。具體而言，砂崙腳八家將目前進行的傳承有下列幾項：

由清聖宮主導凝聚全庄居民的向心力

　　對於砂崙腳庄民而言，清聖宮是砂崙腳庄民日常生活中心，每到香科期間，清聖宮八家將為庄民收驚祭改，保護他們的日常生活，這是他們的共同回憶，更是他們的驕傲，因此每三年一次的香科大典，在清聖宮的主導之下，砂崙腳的庄民會召集八家將的將腳，制訂練習時間，這些庄民白天都是需要上班養家活口，但是即使白天工作辛苦，大家還是會共同參與這個活動，有錢出錢，有力出力，一起完成這樣神聖的任務。

　　就像砂崙里社區發展協會理事長方崑德說的：[34]

　　這是咱們砂崙腳的大事情，屬於我們大家一起盡心盡力完成的事情，要努力讓整件事情圓滿，就是對神明最好的交代。

清聖宮副主任委員陳慶法也說：[35]

地方的事情就是要大家一起團結合作完成，因為這象徵大家對這塊土地的認同，在土城香中，八家將代表砂崙腳，再辛苦也要把他完成。

每一次八家將出陣，清聖宮都會召集庄內人力共同完成三日香科活動，凝聚全庄居民的向心力

34　吳宗勳整理（2024年6月20日），〈方崑德訪問記錄〉。方崑德，砂崙腳人。
35　吳宗勳整理（2024年6月20日），〈陳慶法訪問記錄〉。陳慶法，砂崙腳人。

2024 年砂崙腳清聖宮八家將土城仔香開館

2024 年土城仔香頭日香之砂崙腳清聖宮八家將

砂崙腳清聖宮八府巡按入神開光大典

砂崙腳清聖宮八府巡按入神開光稟告聖母

【五大陣】砂崙腳・清聖宮・八家將

社區規劃耆老說故事進行傳承

在每次香科活動時，八家將都會利用夜間在清聖宮廟埕進行練習，常常吸引許多庄民駐足圍觀，除了好奇之外，更多的原因是吉勝堂八家將就是砂崙腳的代名詞，當我們詢問這些圍觀的孩子對跳八家將的看法時，得到的反應大多都是正面的。居住在砂崙腳，目前十歲的陳翔裕在甲辰年香科期間，只要是將腳練習的時刻，他一定當一位忠實觀眾，除了聚精會神的觀看將腳的手勢和腳步，更會自己在一旁揣摩動作，他表示：[36]

> 我長大也要跳八家將，因為這樣很帥，而且只有砂崙腳的人才可以成為八家將。

目前八歲的陳貝雨，爸爸是清聖宮八家將扮演范爺的陳宗延，每次爸爸到清聖宮練習的時候，她總會跟著爸爸一起過去，幫忙爸爸整理東西，當爸爸練習完很辛苦的時候，她還會幫爸爸按摩。她表示：[37]

> 爸爸白天要上班，晚上還要去練習，每次練習完回家都很累，我要幫他按摩，這樣他才有力氣幫人家收驚。

上面這些出自孩子的童言童語，看似天真無邪，背後卻代表著砂崙腳庄民對這項神聖工作的認同，因此，清聖宮管理委員會也會不定期邀請社區耆老或是八家將的成員為小孩說故事，讓砂崙腳的孩子認識八家將的典故，或是邀請黃震星教練到清聖宮說故事，認識八家將臉譜及陣式，或是八家將裝扮的人物的歷史典故，讓這項珍貴的文化資產，可以延續下去。

---

36 吳宗勳整理（2024年6月29日），〈陳翔裕訪問記錄〉。陳翔裕，砂崙腳人。
37 吳宗勳整理（2024年6月29日），〈陳貝雨訪問記錄〉。陳貝雨，砂崙腳人。

邀請黃震星教練到清聖宮說故事,讓小朋友認識八家將臉譜及陣式,或是八家將裝扮的人物的歷史典故

設置粉絲專業進行數位典藏

　　資訊科技的時代,透過資訊進行數位典藏,可以讓文化的傳承更便捷,有感於八家將的活動資料並沒有一個完整的資料庫,砂崙腳庄民陳君瑋先生在2018年戊戌科成立「臺南土城砂崙腳清聖宮─吉勝堂─八家將」的粉絲團,記錄每一科八家將活動的點點滴滴,為每一次香科活動,留下最珍貴且美好的歷史見證。

【五大陣】砂崙腳・清聖宮・八家將 | 83

Chapter

3

【五大陣】
蚵寮角・宋江白鶴陣

作者：顏大鎰

臺灣罕有宋江陣系統，土城蚵寮角白鶴陣

　　臺南市土城蚵寮仔角宋江白鶴陣，是一個具有悠久歷史和豐富文化內涵的傳統陣頭活動，這一文化現象不僅反映了當地居民對傳統文化的熱愛與堅持，也展現了臺灣地方文化的多樣性和活力。深入探討蚵寮仔角宋江白鶴陣的歷史起源與演變過程，從清朝道光年間至民國108年間的發展歷程、重要事件及文化意義，可全面呈現這一傳統文化的獨特魅力。

獨特魅力的蚵寮角白鶴陣

86 ｜ 土城香：陣頭文化

[起式] 歷史淵源
Historical Origins

蚵寮角宋江白鶴陣的醞釀

　　蚵寮仔角的歷史可以追溯到清朝道光年間，當時，北門蚵寮的祖先遷移至土城，這一遷移為日後的文化發展奠定了基礎。這些早期移民帶來了他們的信仰、風俗和生活方式，並在新的土地上逐漸形成了獨特的地方文化。這一時期，移民們面臨著自然環境的挑戰和社會秩序的不穩定，因此他們需要強化社區內部的團結和防衛能力。

◇ 自然環境的挑戰

　　清朝道光年間，臺灣的自然環境尚未完全開發，土地多為荒野，氣候變化無常，臺灣地區的颱風、地震等自然災害頻繁發生。這些自然環境的挑戰促使移民們必須團結一心，共同應對困難。他們在農業生產、漁業捕撈等方面進行合作，形成了強大的社區凝聚力。

◇ 社會秩序的不穩定

　　除了自然環境的挑戰，清朝道光年間的臺灣社會秩序也相對不穩定。當時，臺灣地區的治安狀況較差，盜賊橫行，地方勢力紛爭不斷。這種情況下，移民們需要提高自衛能力，保護自己的家園和財產。這促使他們開始學習武術，並逐漸形成了以武術為核心的文化活動。

蚵寮角宋江白鶴陣的里程碑

　　民國 28 年（1939），蚵寮仔角迎來了一個重要的發展階段。當地聘請布袋周回師成立武館，開始教授村民武藝，這一舉措標誌著當地居民開始有組織地習武，為保衛家園做準備。武館的成立不僅提高了村民的自衛能力，也促進了武術在當地的傳播和發展。武館的成立還意味著一種新的社會組織形式的出現，這種組織形式不僅在技術上提升了村民的戰鬥力，也在精神上增強了社區的凝聚力。

◇ 武館的成立與運作

　　武館的成立是當地居民自發組織的一種形式，旨在提高村民的自衛能力和戰鬥技能。武館的運作方式主要包括以下幾個方面：

① 教學內容：武館主要教授各種武術技藝，包括拳法、刀法、劍法等。同時，還教授一些基本的戰術和策略，以應對各種突發情況。

② 教學方法：武館採用師徒制，由經驗豐富的武術師傅教授學生。學生通過日常的訓練和實戰演練，不斷提高自己的武術水平。

③ 組織形式：武館內部有嚴格的組織結構和管理制度，每個成員都有明確的職責和任務。這種組織形式不僅提高了武館的運作效率，也增強了成員之間的凝聚力。

宋江陣刀法表演　　　　　　　　　　宋江陣藤牌表演

宋江陣鉤鐮槍表演　　　　　　　　　宋江陣大刀表演

【五大陣】 蚵寮角・宋江白鶴陣

蚵寮角宋江白鶴陣的底蘊

　　民國 34 年（1945）臺灣光復後，當地的文化活動逐漸恢復，戰爭的結束使得社會秩序逐漸穩定，人們開始重拾傳統文化活動。這一時期，蚵寮仔角的文化活動逐漸恢復，為日後的陣頭發展奠定了基礎。文化活動的恢復不僅是對傳統的回歸，也是對未來的期許。人們通過這些活動找回了戰前的生活方式和精神寄託，同時也為新時代的文化創新提供了靈感和動力。

◇ 文化活動的多樣性

　　臺灣光復後，當地的文化活動呈現出多樣性的特點，這些活動不僅包括傳統的祭祀儀式和節慶活動，還包括一些新的文化形式，如戲劇、音樂、舞蹈等。這些活動豐富了當地居民的文化生活，增強了社區的凝聚力。

◇ 文化創新的動力

　　臺灣光復後，當地居民在傳承傳統文化的同時，也不斷進行創新和改進，他們根據時代的變化和社會的需求，創造出一些新的文化形式，使傳統文化更加符合現代社會的審美和需求。這種創新精神為蚵寮仔角宋江白鶴陣的發展提供了強大的動力。

蚵寮角宋江陣的成軍

　　民國 35 年（1946），蚵寮仔角宋江陣正式成立，為了參加西港香，當地聘請安定大摳師來教授宋江陣，這一舉措奠定了日後發展的基礎。

宋江陣的成立不僅是當地文化活動的一個重要里程碑，也標誌著蚵寮仔角在傳統陣頭文化中的重要地位。宋江陣的成立過程中，當地居民展現了高度的組織能力和對文化傳承的熱情。他們不僅學習了宋江陣的技藝，還在此基礎上進行了創新和發展，使其更加符合當地的文化氛圍和社會需求。

公開展演蚵寮角宋江白鶴陣的風采

信眾熱烈圍觀蚵寮角宋江白鶴陣的展演

【五大陣】 蚵寮角・宋江白鶴陣

西港國小尬陣事件

　　民國 38 年（1949），發生了西港國小尬陣事件，這可能是當地陣頭首次公開展演的重要時刻。這一事件不僅展示了蚵寮仔角宋江陣的風采，也提高了其在地方上的知名度。公開展演使得更多人了解和認識了宋江陣，進一步推動了其發展，這一事件還反映了當地居民對文化活動的熱情和支持。通過公開展演，宋江陣不僅在技藝上得到了檢驗和提升，還在社會上贏得了更多的認同和尊重。

土城脫離西港香

　　民國 47 年（1958），土城脫離西港香，標誌著當地文化活動的獨立發展，這一舉措使得蚵寮仔角宋江陣擁有更多自主權，可以更靈活地組織和參與各類文化活動。脫離西港香後，蚵寮仔角宋江陣逐漸發展出自己的特色，成為地方文化的重要組成部分。這一獨立發展的過程中，當地居民展現了高度的創造力和適應能力。他們不僅保留了宋江陣的傳統元素，還根據當地的實際情況進行了調整和改進，使其更加貼近生活，更加具有吸引力。

◇ 獨立發展的挑戰與機遇

　　土城脫離西港香後，蚵寮仔角宋江陣面臨著一系列的挑戰與機遇：

一　挑戰：獨立發展意味著需要更多的資源和支持，如何確保資金和人力的充足，是一個重要的挑戰。此外，如何保持傳統文化的純粹性，同時進行創新和發展，也是需要解決的問題。

㈡ 機遇：獨立發展為宋江陣提供了更多的自主權和靈活性，可以根據當地的實際情況和需求，進行創新和改進。此外，獨立發展還為宋江陣提供了更多的展示和交流機會，通過參加各類文化活動，提升其知名度和影響力。

蚵寮角宋江白鶴陣的轉捩點

民國 50 年（1961），蚵寮白鶴陣迎來了一個重要的轉捩點。當地成立了土城香，由王老陣等人擔任主事者，主事者連續三天夢見神異景象：大榕樹下出現白髮老者、大白鶴及童子。經過商議並請示主神李府千歲後，決定將宋江陣演變成宋江白鶴陣。這一轉變不僅是技藝上的創新，也是精神層面的昇華。通過這一轉變，宋江白鶴陣不僅保留了原有的武術精髓，還融入了更多的文化和宗教元素，使其更加豐富和多元。

蚵寮角宋江白鶴陣展現傳統與創新的完美結合

【武陣】陣法典故與特色
Legends and Characteristics of Battle Formations

宋江陣的技藝特點

宋江陣是一種以武術為核心的陣頭活動，其技藝特點主要包括以下幾個方面：

① 武術技藝：宋江陣的武術技藝包括拳法、刀法、劍法等，這些技藝不僅注重力量和速度，還強調技巧和策略。

② 團隊協作：宋江陣的表演需要高度的團隊協作，每個成員都有明確的角色和任務，通過默契的配合，完成各種複雜的動作和陣法。

③ 文化元素：宋江陣的表演中融入了豐富的文化元素，如戲劇、舞蹈、音樂等，這些元素不僅豐富了表演的內容，也增強了其藝術性和觀賞性。

需要高度團隊協作的宋江陣表演

注重力量、速度、技巧和策略的宋江陣武術

蚵寮角宋江陣尬陣公演的意義

民國 38 年（1949），西港國小尬陣事件，當時陣頭的首次公開展演，不僅展示了蚵寮仔角宋江陣的風采，也具有著其重要的意義：

① 展示實力：通過公開展演，宋江陣展示了其高超的武術技藝和團隊協作能力，贏得了觀眾的讚賞和認可。

② 提高知名度：公開展演吸引了大量觀眾的關注，提高了宋江陣的知名度，為其未來的發展奠定了基礎。

③ 促進交流：公開展演為宋江陣提供了一個與其他陣頭交流和學習的機會，通過互相切磋和交流，不斷提高自己的技藝水平。

白鶴陣的融入與轉型

民國 50 年（1961），蚵寮將宋江陣演轉型成宋江白鶴陣，使融入創新的傳統武陣，呈現更加豐富的意涵和多元的風貌。

1964 年左右蚵寮角白鶴陣（陸昕慈提供）

1970 年代左右，左為樹仔腳白鶴陣，右為蚵寮角白鶴陣，兩陣情誼深厚（陸昕慈提供）

◇ 白鶴陣的文化內涵

　　白鶴陣的融入使宋江陣的文化內涵更加豐富多彩。白鶴陣是一種以白鶴為象徵的武術形式，其動作模仿白鶴的姿態，充滿了優雅和靈動。這種武術形式不僅注重力量和速度，還強調技巧和靈活性。通過融入白鶴陣，宋江白鶴陣的表演更加豐富多彩，增強了其藝術性和觀賞性。

◇ 精神層面的昇華

　　白鶴陣的融入不僅是技藝上的創新，還是精神層面的昇華。白鶴在中國文化中象徵著長壽、吉祥和和平，其融入使宋江白鶴陣的表演更加具有精神內涵。通過這一轉變，宋江白鶴陣不僅保留了原有的武術精髓，還融入了更多的文化和宗教元素，使其更加豐富和多元。

白鶴陣模仿動作姿態，充滿優雅和靈動

蚵寮角宋江白鶴陣保留原有的武術精隨，還增強了藝術性和觀賞性

白鶴陣轉型的重要決策

在轉型過程中，當地做出了一系列重要決策。首先，聘請何國昭師父擔任空手連環的教練，這一舉措提高了陣頭的武術水平。其次，邀請七股樹子腳白鶴陣的黃師父教授白鶴童子的弄法，這使得白鶴陣更加豐富多彩。在轉型過程中，蚵寮仔角宋江白鶴陣保留了宋江旗斧、練法和腳巾顏色（黃色），以示不忘本。這些決策不僅體現了當地居民對傳統文化的尊重和堅持，也展示了他們對創新和發展的開放態度。在這一過程中，當地居民通過不斷的學習和交流，提升了自己的技藝水平，豐富了文化內涵，為宋江白鶴陣的長遠發展奠定了堅實的基礎。

[傳炬] 發展現況與扎根傳承
Development status and inheritance

蚵寮角宋江白鶴陣奠基者

◇ **何國昭師父的貢獻**

何國昭師父是當地著名的武術師傅，他的加入為宋江白鶴陣的發展提供了強大的技術支持。何國昭師父擅長空手連環，他的教學不僅提高了陣頭的武術水平，還培養了一批優秀的武術人才。通過他的教學，宋江白鶴陣的成員不僅掌握了高超的武術技藝，還學會了如何在實戰中靈活運用這些技藝。

作者（前排左）與高齡 102 歲的何老師傅（前排中）合影

◇ 黃師父的貢獻

　　黃師父是七股樹子腳白鶴陣的著名師傅，他的加入為宋江白鶴陣的發展注入了新的活力。黃師父擅長白鶴童子的弄法，他的教學使宋江白鶴陣的表演更加豐富多彩。通過他的教學，宋江白鶴陣的成員不僅掌握了白鶴童子的弄法，還學會了如何在表演中融入這些元素，使表演更加具有藝術性和觀賞性。

登錄臺南市民俗類無形文化資產[38]

◇ 歷史源流發展概況

　　蚵寮角於 1941 年初聘布袋周回師設暗館教拳術。1946 年聘安定黃腳巾師傅教授，正式組陣參與「西港仔香」，1952 年因與本淵寮金獅陣拚陣，受樹仔腳白鶴陣援助因而兩陣結盟，1960 年地方耆老夢見白鶴、小孩與老人於樹下玩耍，當地李府千歲指示白鶴先師及童子欲來庄頭相助，因而聘樹仔腳白鶴陣前來教授，旗斧保留，增設白鶴與童子，腳巾顏色不變，取名為「宋江白鶴陣」，長期參與「土城仔香」。

　　為宋江陣與白鶴陣之結合，「弄鶴仔」橋段與獨創之五花陣、八門陣等，皆甚具特色。現為臺灣罕有宋江陣系統之白鶴陣，陣式多元，舞藝精湛，居民自主傳承，鬥志高昂，為蚵寮角之精神象徵。

38　〈土城蚵寮角宋江白鶴陣〉，國家文化資產網，https://nchdb.boch.gov.tw/assets/overview/folklore/20200514000001。

◇ **登錄理由**

一　自 1941 年設置武館、1946 年組陣至今，成員多為庄內居民，跨老中青少四代，持續自主自發參與，認同度高，傳承不輟，體質良好，更是地方精神指標。符合「民俗登錄認定及廢止審查辦法」第 2 條第 1 款登錄基準「民間高度認同，並持續自主、自發參與」。

二　由宋江陣演變而來，至今保留之黃腳巾反映宋江陣師承，白鶴與童子則反映 1952 年與樹仔腳結盟、1961 年受其教導而成立宋江白鶴陣的廟會歷史，長期參與「土城仔香」，更為其護持四陣頭之一。符合「民俗登錄認定及廢止審查辦法」第 2 條第 2 款登錄基準「顯著反映族群或地方社會生活及文化之特色」。

三　為臺灣罕有宋江陣系統之白鶴陣，創設至今保留了暗館、入館、日館、開館、探館、謝館之傳統，陣式呈現出宋江與白鶴之結合，「弄鶴仔」與五花陣、八門陣等，尤具特色。符合「民俗登錄認定及廢止審查辦法」第 2 條第 3 款登錄基準「其表現形式及實踐仍保留一定之傳統方式」。

◇ **認定理由**

一　保存者組織穩定，且對宋江白鶴陣之知識、技術與文化表現形式充分了解。符合「民俗登錄認定及廢止審查辦法」第 4 條第 1 款「充分了解該登錄項目之知識、技術及文化表現形式」。

(二) 保存者組織形式為管理委員會，人員穩定，態度積極，充滿信心，深具協助推動該項目之意願與能力。符合「民俗登錄認定及廢止審查辦法」第 4 條第 2 款「具協助推動該登錄項目保存維護工作之能力及意願」。

(三) 為「土城仔香」護持四陣頭之一，管理委員會長期投入陣頭之經營，為庄內居民所認同，在文化脈絡下甚為適當。符合「民俗登錄認定及廢止審查辦法」第 4 條第 3 款「在文化脈絡下為適當者」之條件。

蚵寮角宋江白鶴陣的重要認可

民國 108 年（2019），蚵寮白鶴陣獲得了重要認可，榮獲臺南市文化無形資產授證，這一認可標誌著，蚵寮白鶴陣在地方文化保存中的重要地位，並且得到官方肯定。文化無形資產授證不僅是對其歷史價值的肯定，也為未來的文化傳承提供了重要支持。這一認可還體現了社會對傳統文化的重視和支持，通過這一認可，蚵寮白鶴陣不僅在地方上得到了更多的關注和支持，還在更廣泛的範圍內提高了知名度和影響力。這一認可同時是對當地居民多年來辛勤努力的肯定，也是對他們未來發展的激勵。

◇ 文化無形資產授證的意義

文化無形資產授證是一種對傳統文化的保護和認可，其意義主要體現在以下幾個方面：

(一) 歷史價值的肯定：文化無形資產授證是對蚵寮白鶴陣歷史價值的肯定，表明其在地方文化中的重要地位。

(二) 文化傳承的支持：文化無形資產授證為蚵寮白鶴陣的未來發展提供了重要支持，包括資金、政策和技術等方面的支持。

2018 年蚵寮角白鶴陣開館

2024 年蚵寮角白鶴陣走圈

蚵寮角宋江白鶴陣的文化傳承與展望

　　蚵寮仔角宋江白鶴陣的歷史反映了臺灣地方文化的豐富性和適應性。從清朝時期的移民文化，到日治時期的武術傳承，再到戰後的文化復興與創新，蚵寮仔角宋江白鶴陣展示了傳統文化的生命力。白鶴陣的演變過程展現了傳統與創新的完美結合，保留了宋江陣的基本元素，同時融入了白鶴武術的特色。獲得文化資產認證不僅是對其歷史價值的肯定，也為未來的文化傳承提供了重要支持。通過本篇介紹，我們可以更深入地了解蚵寮仔角宋江白鶴陣的歷史和文化意義，並期待其在未來繼續發揚光大。

◇ 文化的多樣性與包容性

　　蚵寮仔角宋江白鶴陣的歷史演變過程中，體現了文化的多樣性與包容性。不同時期的文化元素在這一傳統活動中交融匯聚，形成了獨特的文化景觀。從清朝時期的移民文化，到日治時期的武術傳承，再到戰後的文化復興與創新，蚵寮仔角宋江白鶴陣展示了傳統文化的生命力和適應性。

◇ 傳統與創新的結合

　　白鶴陣的演變過程展現了傳統與創新的完美結合。保留了宋江陣的基本元素，同時融入了白鶴武術的特色，使其更加豐富多彩。這一過程中，當地居民展現了高度的創造力和適應能力。他們不僅保留了宋江陣的傳統元素，還根據當地的實際情況進行了調整和改進，使其更加貼近生活，更加具有吸引力。

蚵寮角宋江白鶴陣展現在地居民的凝聚力與對傳統文化的熱愛

◇ 文化資產認證的意義

　　獲得文化資產認證不僅是對其歷史價值的肯定，也為未來的文化傳承提供了重要支持。這一認可是對當地居民多年來辛勤努力的肯定，也是對他們未來發展的激勵。通過這一認可，蚵寮白鶴陣不僅在地方上得到了更多的關注和支持，還在更廣泛的範圍內提高了知名度和影響力。

◇ 未來的展望

　　通過上述的探討，我們可以更深入地了解蚵寮仔角宋江白鶴陣的歷史和文化意義，並期待其在未來繼續發揚光大。隨著社會的發展和變遷，傳統文化活動面臨著新的挑戰和機遇。如何在現代社會中保持傳統文化的生命力和吸引力，是我們需要共同思考和探索的課題。

　　未來，蚵寮仔角宋江白鶴陣可以通過以下幾個方面進一步發展和提升：

（一）加強文化宣傳與推廣：通過各種媒體和渠道，加強對蚵寮仔角宋江白鶴陣的宣傳和推廣，提高其知名度和影響力。可以舉辦各類文化活動和展覽，讓更多人了解和體驗這一傳統文化。

（二）促進國際交流與合作：積極參與國際文化交流活動，與其他國家的傳統文化進行交流與合作，吸收並借鑒國際先進經驗，提升自身的文化水平和影響力。

（三）加強文化教育與傳承：在當地學校和社區中開展文化教育活動，讓年輕一代了解和熱愛這一傳統文化。可以設立專門的文化傳承機構，培養專業的文化傳承人員，確保蚵寮仔角宋江白鶴陣的傳承與發展。

（四）創新發展模式：在保持傳統特色的基礎上，不斷進行創新和改進，使其更加符合現代社會的需求和審美。可以通過與現代藝術和科技的結合，創造出更多新穎有趣的文化形式，吸引更多年輕人的關注和參與。

（五）加強政府和社會支持：政府和社會各界應加強對蚵寮仔角宋江白鶴陣的支持，提供必要的資金和政策支持，為其發展創造良好的環境和條件。可以設立專門的文化保護基金，支持相關的研究、保護和傳承工作。

　　總之，蚵寮仔角宋江白鶴陣是一個具有深厚歷史和豐富文化內涵的傳統文化活動。通過對其歷史演變過程的深入探討，我們可以更好地了解和珍惜這一寶貴的文化遺產，並在未來的發展中不斷創新和提升，使其在現代社會中繼續發揚光大，成為臺灣乃至世界文化的一部分。

2024 年蚵寮角宋江白鶴陣三郊請佛鑑醮

2024 年土城香之蚵寮角白鶴陣開館

2024年土城仔香之蚵寮角白鶴陣

臺灣罕有宋江陣系統之白鶴陣,為蚵寮角之精神象徵

【五大陣】 蚵寮角・宋江白鶴陣

*Chapter

4

【五大陣】
郭岑寮・聖岑宮・金獅陣

作者：顏大鎰

城北里，原名為郭岑寮，是臺南市土城區四大聚落之一，由於社區位置座落於土城北邊，因此得名。相傳最早的祖先原居住於中國大陸沿海一帶，渡海來臺後遷移至嘉義東石，後來隨著臺江內海浮覆，最後才落腳至現今的城北里而逐漸形成聚落。本章深入探討城北里的歷史起源、社會發展、文化傳承以及其在現代社會中的轉型，並通過詳細的描述來展示這一社區的獨特魅力。

民國 50 年「府城迓媽祖」之郭岑寮金獅陣資料照片（陸昕慈提供）

1979 年郭岑寮金獅陣資料照片（陸昕慈提供）

起式｜歷史淵源
Historical Origins

郭岑寮的形成與早期發展

◇ 清朝統治下的臺灣社會

　　清朝統治下的臺灣並不夠安定，叛亂頻起，由於政府無法維持治安，地方的自衛常由同族團體或同鄉團體來負責。地方豪族在這種情況下變得非常重要，它們不但可以給予族人很好的保護，甚至可以鎮壓其他團體而享有各式各樣的特權。男丁旺盛是生存和騰達的保證，因此，擁有較多的男嗣是中國人生活中的一個理想，血緣關係在這方面顯得非常重要。[39]

◇ 以姓氏為名的村落

　　往往一個同族村落會以該族的姓氏作為地名，這種村落稱為：「以姓氏為名的村落（patronymic village）」[40]，郭岑寮就屬於此種型態的村落。至於「郭岑寮」地名的由來，肇因於清朝嘉慶年間最早落居本地之先民，以郭姓人數為多，其次為楊姓先民。郭姓先民來自福建省泉州府東石郭岑鄉，因郭姓先民較多，而以唐山故鄉名稱命名此庄，以示不忘本，故得名。

39　陳紹馨（1979）。
40　陳紹馨（1979）。

◇ 庄名的地理與文化背景

根據嘉義縣布袋鎮郭岑寮的地名史料，庄頭中的「岑」字，依據《說文解字》解釋乃山小而高者。中國大陸東南沿海地區（含浙江、福建、廣東）屬谷灣地形，地質多花崗岩，質地堅硬，風化不易，常形成坡度高陡小山，福建海邊這種景觀尤為普遍。布袋鎮現有住民大多為福建先民後裔，布袋鎮轄區內的岑兜（位於岑海里）與郭岑寮（即新岑里）二地命名皆與大陸地名有關。[41]

郭姓家族的遷徙與定居

◇ 祖先的遷徙歷程

土城郭岑寮為「鹿耳門媽」轄境角頭廟的大聚落之一，根據正統鹿耳門聖母廟郭智輝副主委的說法，郭姓家族第一代郭邦慶祖於 1765 年從中國福建東石鎮郭岑村，奉請「開基池府王爺」護佑郭姓族人一起遠渡重洋，來到臺灣沿海的新塭海堤旁落腳，於 1843 年舉族遷移至土城郭岑寮發展，目前已經繁衍到第 11、12 代。

◇ 先民械鬥後的遷移

由於曾文溪舊河道鹿耳門溪下游一帶出現大片浮覆地，1840 年除有洪理及黃軍等 16 股首召集埔頂一地的黃姓族人開闢「七十二份」、「三股仔」、「溪南寮」等墾地外，另有來自學甲頂溪洲寮的富人郭欽使擔任墾首以墾號「郭義昌」，自大竹林及大塭寮等地召徠郭姓佃戶開墾土城仔及學甲寮等地，而因清代沒有土地丈量登記制度（1895 年日本時代才建立），「七十二份」（現七股區竹橋里）、「塭仔內」（今佳里區龍安里）、「樹仔腳」（今七股區看坪里）等黃姓人民認

為他們股首黃軍所申請的墾地被西港大竹林、大塭寮的郭姓佔墾（另說為郭姓不願與黃姓併墾），以至於雙方發生械鬥，其中郭姓為防禦黃姓的攻擊，曾構築土城以保護其墾區佃戶，此即「土城仔」聚落之由來，而入墾土城仔的郭姓即是一部分來自大竹林與大塭寮[42]。

後雖經清官堪界立碑後雙方衝突暫息，但仍埋下日後西港慶安宮香境內黃姓角頭（樹仔腳、塭仔內、七十二份、溪南寮、埔頂）與郭姓角頭（大竹林、大塭寮、郭份寮）間的長期誤會的種仔，俗稱「黃郭械鬥」，直到日治時期，幸經慶安宮宗教活動的長期磨合才確保了地方的和諧，不過，黃郭相殺十三年至今仍使西港刈香時陣頭腳巾顏色有所不同。

道光年間黃、郭兩姓為墾拓台江陸浮埔的糾紛延續到日治初期，當時樹子腳（黃）與大塭寮（郭）兩庄農民因為土地界址糾紛再度引發衝突，原因在於大塭寮及樹仔腳兩庄為了「七十二份」南之黃郭土地界址應該走向西南或走向東南而再度引爆衝突，最後甚至再度發生大規模的械鬥事件，郭姓族人以大塭寮、大竹林、土城仔郭份寮為首，黃姓族人則以樹子腳、七十二份、塭內、溪南寮、埔頂等為首，雙方相殺長達十三年之久，臺灣史稱之為「黃郭相殺十三年」，在當時更有黃郭不得通婚的禁令，甚至在西港刈香轎號的編排上，有相距不得少於十號的規定，而且至今雙方廟會陣頭腳巾顏色仍不同。

各村庄陣頭腳巾（腳巾其實是廟會陣頭人員腰部所纏的腰布，俗稱「腳巾」）的顏色均固定而且有別，除非是同一師父所教導的村庄或交情特別好的村庄才會同一顏色，俗稱「同腳巾」。

西港香陣內武陣腳巾顏色共分有紅、黃、青、綠、藍五種。大竹林、大塭寮及郭份寮均是以郭姓為主的村庄本為兄弟庄，黃郭相爭時早已為一聯盟，而其郭姓又有部分來自開庄較早的安定管寮，管寮亦同腳

41　王水生（2001）。
42　顏尚文，《珍藏西港》，臺南縣西港鄉公所，頁64-65。

巾；加上管寮與佳里外渡頭及七股大寮交情甚篤，安南區本淵寮的先民早期亦主要由外渡頭遷居。因此，此些庄頭的金獅陣與宋江陣皆同為黃腳巾。

而郭黃械鬥時黃姓這方庄頭的腳巾顏色則較多元，例如溪南寮的金獅陣為紅腳巾，而塭仔內金獅陣為綠腳巾。因此，在廟會陣頭出動時，繫黃腳巾者較多為郭姓。直到民國 104 年乙未香科，在慶安宮的磨合下，各色腳巾聯合打圈表演，已經完全打破往日的禁忌，甚至七股區樹仔腳等黃姓庄頭與西港區大塭寮等郭姓庄頭的武陣相互探館，呈現出一幅大融合畫面，讓西港香科武陣的團結包容價值體現無遺。[43]

◇ 郭岑寮的命名與宗親活動

臺灣光復後，行政區域重新劃分，郭岑寮先被改稱「臺南縣布袋鄉郭岑村」，後又被改稱為「嘉義縣布袋鎮新岑里」，但「郭岑寮」一辭沿用至今。2009 年，土城仔郭岑寮有數位宗親與三聖始祖之令旗返鄉尋根，當年 8 月 15 日下午 15 時左右「泰山石敢當」迎請入宗祠之際，香爐瞬間發爐，十二始祖指示此乃高興之意。[44] 該年「吃祖佛酒」活動亦有大陸泉州當地人家前來團聚相會，共襄盛舉。

郭岑寮的經濟與社會變遷

◇ 農業與漁業的發展

郭岑寮早期以農業為主，種植水稻、玉米、蔥蒜及番茄。農業活動是當地居民的主要生計來源，農田的耕作方式和農作物的選擇反映了當地的自然條件和氣候特徵。農民們依靠傳統的農耕技術和農具進

43　資料來源：全國宗教資訊網，https://religion.moi.gov.tw/。
44　郭崇英等著（2009）。

行生產，並通過家庭勞動力的投入來維持生計。

除了農業外，也有部分居民開闢魚塭養殖虱目魚、吳郭魚和蝦。漁業活動為當地居民提供了另一種生計來源，魚塭的開闢和管理需要較高的技術和資本投入，但也能帶來豐厚的經濟回報。漁業活動的發展，使得郭岑寮逐漸成為一個農漁並重的社區。

◇ 社區的轉型與現代化

隨著時代的變遷，現今的城北社區大多轉型以工商業為主，從事農業及魚塭養殖的人較為稀少。原有的農地與魚塭也轉為住宅居多，這一轉型反映了臺灣經濟結構的變化和城市化進程的加速。工商業的興起為當地居民提供了更多的就業機會和經濟收入，但也帶來了傳統農漁業的衰退。

隨著城市化進程的推進，郭岑寮的基礎設施和公共服務逐漸完善。道路、電力、水利等基礎設施的建設為當地居民的生活提供了便利，教育、醫療、文化等公共服務的提升，也提高了居民的生活質量。現代化建設使得郭岑寮逐漸融入城市經濟圈，成為一個具有現代特色的社區。

郭岑寮金獅陣的起源與發展

◇ 光復初期的傳統陣頭

郭岑寮社區最廣為人知的便是金獅陣，是從光復初期延續至今的傳統陣頭。金獅陣主要為配合土城聖母廟的大型謝神祭典演出，每三年會有一次演出，亦會出現在其他大小廟會之中。金獅陣的演出不僅是宗教活動的一部分，也是當地居民展示武術和團結精神的重要形式。

◇ 金獅陣的組織與運作

金獅陣的組織與運作由當地居民自發組織，最初由郭本先生起議，後期由「豬肉義」郭德義先生擔任執事，目前由城北里長郭昆財擔任總領隊。金獅陣的組織形式包括：隊伍的編制、演出的安排、武術的訓練等，這些組織形式確保了金獅陣的持續運作和傳承。

◇ 金獅陣的師承與武術教導

金獅陣師承聘請管寮的郭旺條師和郭羅漢師前來教導金獅陣法三科，是為黃腳巾，建立有「陣式簿」得以流傳。武術教導為土城女婿「玉師」蔡玉臨來教導，目前邀請鹽水顏大鎰師擔任師傅，指導武術、兵器對打有規劃套招。這些師承和教導，確保了金獅陣技藝的正統性和連續性。

1979 年郭岑寮金獅陣在三建大廟的工地前表演（陸昕慈提供）

[武陣] 陣法典故與特色
Legends and Characteristics of Battle Formations

郭岑寮金獅陣的歷史與文化

◇ 金獅陣武術技藝與傳承

郭岑寮金獅陣的武術傳承，可追溯至早期的玉師所傳授的春桃鶴，這是一種包含多種武術動作的技藝。隨著時間的推移，郭岑寮金獅陣又引入了華光拳，進一步豐富了其武術內涵。目前，郭岑寮金獅陣由顏大鎰指導南少林拳術和兵器，這使得金獅陣的武術技藝更加全面和精湛。

◇ 在地子弟的參與和凝聚

郭岑寮金獅陣的成員皆為地方子弟，這反映了地方族群的團結性。郭姓宗族與土城的開拓史密切相關，自道光年間遷至土城發展至今，這種地方性的參與，使得金獅陣不僅僅是一種表演，更是一種社區凝聚力的象徵。

郭岑寮金獅陣的獅頭體現對傳統技藝的重視和保護

獅頭的製作與時代風貌

郭岑寮金獅陣的獅頭皆以傳統方法自製，保留有第一代翻砂鑄造的獅頭，後來延請臺南武廟前的魏俊邦糊紙國寶藝師製作獅頭，後來本庄人傳襲下來。郭岑寮獅頭為蓮霧鼻，是其造型特色仿太白金星猴臉化身，每個時期的獅頭都有保存下來。獅頭的製作與傳承體現了當地居民對傳統技藝的重視和保護，這些獅頭不僅是藝術品，更是歷史的見證，每一個獅頭都代表了一個時代的風貌和技藝水平。

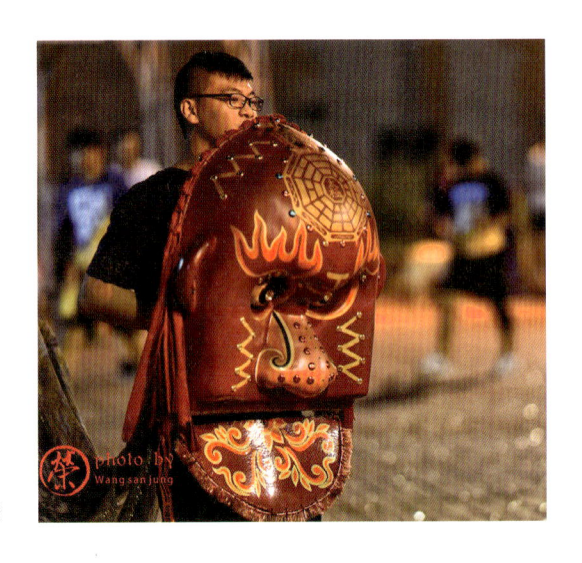

郭岑寮金獅陣的獅頭是歷史的見證

郭岑寮金獅陣的特色與演練

◇ 郭岑寮金獅的獨特傳承

郭岑寮金獅陣承習管寮黃腳巾系統，是土城香科唯一持大刀全程走圈的金獅陣。這種獨特的傳承使得金獅陣在眾多武陣中脫穎而出，成為地方文化的重要組成部分。

◇ **陣式的種類與特點**

　　郭岑寮金獅陣的陣式緊湊，有快慢節奏的變化，除了穿五方陣法行走，其餘陣式都以快跑行徑走位，特別是龍捲水和龍吐鬚陣式的保存，使得其表演更具觀賞性和技術性。這些陣式展示了金獅陣的靈活性和變化多端的特點，使觀眾能夠感受到其獨特的魅力。

　　武術方面，早期清一色都以玉師所傳授春桃鶴為主軸：出洞、入洞、返洞、清翅、展翅、輪肢、白鶴童子和一套棍仔，後期再請綽號外省師來教華光拳，目前由顏大鎰指導南少林拳術兵器。這些陣式和技藝展示了金獅陣的豐富多樣性和高超的技術水平。

郭岑寮金獅嘴巴開閉、色彩鮮艷，陣式節奏明快

郭岑寮金獅陣陣式緊湊，展現威風氣勢

【五大陣】郭岑寮・聖岑宮・金獅陣 ｜ 119

◇ 演練的流程與意義

金獅陣的表演流程包括：拜廟、打圈、跳三山拜鼓、開城門、喊圈、穿五方、龍吐鬚、龍捲水、分陰陽、鼓前息圈、開頭牌、棍法演練、拳術演練、空手連環、丈二收尾、獅藝表演、官兵陣、兵器對打、五花八門陣、先天八卦八門太極陣等。這些表演流程不僅展示了金獅陣的技藝、豐富了陣頭的表演內容，也表現了其深厚的武術底蘊，並且傳達其背後的文化意義和精神內涵。

郭岑寮金獅陣的陣式與意義

郭岑寮金獅陣的陣式與一般金獅陣有些微差距，其節奏明朗快速，幾乎全場均是快速跑步進行。金獅陣屬「畚箕獅」，嘴巴可開閉，形狀較為圓鼻子，色彩鮮艷，由臺南製獅師魏俊邦製作。

◇ 拜廟

金獅陣由獅頭、獅尾率領，呈拱門橫列，所有兵器晃動、敲擊出聲，陣員吶喊，以壯聲勢。這種儀式不僅是對神明的敬拜，也是向觀眾展示金獅陣的威風和氣勢。

◇ 打圈

由金獅帶領卅六官兵開始繞圈，確定演練範圍，叫做「打圈」。這種動作不僅是為了展示金獅陣的靈活性，也是為了確保演練的順利進行。

郭岑寮金獅陣拜廟儀式

郭岑寮金獅陣拜鼓

【五大陣】 郭岑寮・聖岑宮・金獅陣 | 121

郭岑寮金獅陣喊圈

◇ 三山排列拜鼓

　　獅帶隊從打圈後進入龍捲水的拜禮儀式，這種儀式展示了金獅陣的嚴謹和規範，讓觀眾感受到其深厚的文化底蘊。

◇ 開城門

　　獅頭、獅尾帶領打圈繞圓至乾位，插角跳入內圈，行走至艮位再一次開城門。這種動作展示了金獅陣的靈活性和變化多端的特點。

◇ 喊圈

　　每個陣法演練完後，所有人員以半蹲馬步行走，這種動作展示了金獅陣的協調性和默契。

◇ 穿五方

　　由坤位切入中央至乾位，再由乾位繞逆時針至離位，形成十字陣。這種陣式展示了金獅陣的戰術安排和戰鬥技巧。

◇ 獅捲水

　　陣法演練的節奏加快，隊型蜿蜒曲折，展示了金獅陣的靈活性和變化多端的特點。

◇ 獅吐鬚

　　摃路對後，形成長型ㄇ字陣式，展示了金獅陣的協調性和默契。

◇ 分公母

　　亦稱「分陰陽」，分左右兩邊，畫眉行以虛帶實，展示了金獅陣的戰術安排和戰鬥技巧。

◇ 摃路對

　　兩兩對打，邊跑邊上下齊打，展示了金獅陣的協調性和默契。

◇ 個人兵器表演

　　個人兵器演練前，需進行開銳器的儀式，這種儀式展示了金獅陣的嚴謹和規範。

郭岑寮金獅陣月牙鏟表演

郭岑寮金獅陣官刀表演

124 ｜ 土城香：陣頭文化

郭岑寮金獅陣雙刀表演

郭岑寮金獅陣出陣的新血，表現毫不遜色於成人

【五大陣】 郭岑寮・聖岑宮・金獅陣

◇ 棍法表演

棍法演練，分為單頭棍、雙頭棍，展示了金獅陣的武術技藝。

◇ 拳術表演

南少林拳術講求硬橋穩馬，演練時配合鼓聲行拳，展示了金獅陣的武術技藝和協調性。

◇ 拳術連環對打

每個套路都有對練之意義，展示了金獅陣的協調性和默契。

◇ 丈二對盾牌收尾

持丈二者與持盾牌刀者對打，表示此陣法將結束，展示了金獅陣的戰術安排和戰鬥技巧。

◇ 獅藝表演

包括翻滾獅、舔獅、刣獅和獅旦表演，這些表演展示了金獅陣的靈活性和變化多端的特點。

◇ 官兵陣

所有金獅陣隊員由持頭面盾牌刀者與持頭支耙者帶隊，展示了金獅陣的協調性和默契。

居高臨下、造型搶眼的可愛小獅旦 　　郭岑寮金獅陣有著不同的奔跑擺陣、獨特套路

◇ 兵器表演

損對是武陣演練中最熱鬧、最精彩的部分，展示了金獅陣的武術技藝和協調性。

◇ 五花八門陣

操演五步法，形成內外二圈，展示了金獅陣的戰術安排和戰鬥技巧。

◇ 先天八卦八門太極陣

包括跑法、六花（合）陣、連環陣，展示了金獅陣的靈活性和變化多端的特點。

發展現況與扎根傳承
Development status and inheritance

金獅陣的傳承與現代化

郭岑寮金獅陣在管寮師父的教導下，原本的陣式內涵高達二十項，隨著時日俱增，有些陣式已消失，但也加入了新的陣式如：巡中城、龍捲水。金獅陣的代代操練，促進了庄民之間的祥和互助，郭姓宗族組織積極操作，使祭祀圈的運作、宗教信仰得以穩固流傳。

透過不斷的祭祀活動與組織運作，郭岑寮庄逐步走向強盛，獲得好名聲，庄民以郭岑寮金獅陣為榮。這種傳承與現代化的結合，使得郭岑寮金獅陣在現代社會中依然保持其獨特的魅力和影響力。

郭岑寮金獅陣的歷史與文化展示了其深厚的武術底蘊和豐富的文化內涵。通過不斷的傳承與創新，郭岑寮金獅陣在現代社會中依然能夠保持其獨特的魅力，成為地方文化的重要組成部分。這種傳承與現代化的結合，使得郭岑寮金獅陣不僅僅是一種表演，更是一種文化的象徵，展示了地方族群的團結和凝聚力。

郭岑寮金獅陣不僅是表演，更是文化的象徵

擔任「獅旦」的兒童是金獅陣新血傳承的身影

郭岑寮現代化的挑戰與機遇

◇ 農業與漁業的衰退

　　隨著城市化和經濟結構的變化，郭岑寮的農業和漁業逐漸衰退。原有的農地與魚塭轉為住宅居多，從事農業及魚塭養殖的人較為稀少。這一變化對當地的經濟結構和社會生活帶來了挑戰，但也為現代化和城市化提供了機遇。

◇ 工商業的發展

　　現今的城北社區大多轉型以工商業為主，工商業的發展為當地居民提供了更多的就業機會和經濟收入。工商業的興起使得郭岑寮逐漸融入城市經濟圈，成為一個具有現代特色的社區。這一轉型也促使當地居民適應新的經濟環境和生活方式。

傳統文化的保護與傳承

◇ 金獅陣的保護

　　金獅陣作為郭岑寮的重要文化遺產，受到了當地居民的重視和保護。金獅陣的組織形式、技藝傳承和表演流程都得到了系統的保護和傳承。當地居民通過宗親組織和社區活動來保持金獅陣的活力和影響力，使其成為社區文化的重要組成部分。

◇ 文化活動的舉辦

　　郭岑寮定期舉辦各種文化活動，如廟會、祭典、傳統技藝展示等，這些活動不僅豐富了社區居民的文化生活，也促進了傳統文化的傳承和發展。文化活動的舉辦為當地居民提供了交流和合作的平臺，增強了社區的凝聚力和向心力。

現代化與傳統文化的融合

◇ 現代化建設中的文化元素

　　在現代化建設中，郭岑寮注重保留和融入傳統文化元素。無論是基礎設施的建設還是公共服務的提升，都體現了對傳統文化的尊重和保護。這種融合使得郭岑寮既具有現代特色，又保留了濃厚的傳統文化氣息。

◇ 傳統文化在現代社會中的價值

　　傳統文化在現代社會中具有重要的價值，不僅是文化遺產的保護

郭岑寮金獅陣實現了傳統與現代的融合

郭岑寮金獅陣等文化活動凝聚社區向心力

和傳承，也是社區凝聚力和身份認同的重要來源。郭岑寮的傳統文化活動和金獅陣的表演，使得當地居民在現代化過程中保持了文化的連續性和認同感，增強了社區的文化自信和自豪感，亦曾於蘇南成市長時代受邀於總統府表演。

　　郭岑寮作為臺南市土城區中，一個具有悠久歷史和豐富文化內涵的社區，通過歷史的演變和現代化的發展，展示了其獨特的魅力和價值。從早期的農漁業發展到現代的工商業轉型，從傳統的金獅陣到現代的文化活動，郭岑寮在保持傳統文化的同時，積極適應現代社會的變化，實現了傳統與現代的融合。這一過程不僅展示了郭岑寮的發展歷程，也為其他社區的發展提供了寶貴的經驗和啟示。

郭岑寮金獅陣黃腳巾系統，建立「陣式簿」得以流傳

郭岑寮金獅陣前輩帶領新人，薪火相傳

郭岑寮金獅陣小獅旦據高俯瞰，英姿颯爽

郭岑寮金獅陣是郭岑寮角的精神堡壘

【五大陣】 郭岑寮‧聖岑宮‧金獅陣

郭岑寮金獅陣三郊請佛，駕前護駕

2024 年郭岑寮金獅陣至南勢街西羅殿請佛鑑醮

2024年土城仔香頭日香之郭岑寮金獅陣

2024年土城仔香尾日香之郭岑寮金獅陣

【五大陣】 郭岑寮・聖岑宮・金獅陣 ｜ 135

*Chapter

5

【五大陣】
虎尾寮・伍聖宮・
宋江陣

作者：顏大鎰

充滿力與美的虎尾寮宋江陣

　　虎尾寮位於安南區，是土城地區的十一個部落之一，地理位置相當重要，占地面積達 1.21 平方公里，是這一帶中最大的部落之一。虎尾寮東鄰蚵仔寮，西鄰土城大排（起源於土城子的城南里，流向鹿耳門溪，全長 1.7 公里），南至安清路，北至舊臺糖小鐵道。虎尾寮位於正統鹿耳門聖母廟的西側，地勢略微向西傾斜，這有利於水流通暢，象徵著財源豐富。據說，當地居民多以商業創業為主，且普遍不涉入政治事務，使得這裡始終充滿和平與祥和氛圍。因此，虎尾寮被譽為「和平之村」，幾乎沒有爭端。

氣勢磅礴的虎尾寮宋江陣

【起式】 歷史淵源
Historical Origins

土城地區的發展背景

　　在聚落發展方面，我們可以追溯到古鹿耳門村，即今日的土城。在臺江內海尚未陸化之前，土城是鹿耳門峽僅存的陸地。在1629年，由Garbrqntsz Block所繪製的《1629大員圖》中，北線尾島西北端的那個G字標示處，即是鹿耳門村，而這正是現今的土城子。

　　到了17世紀中葉，荷蘭人為了監視出入鹿耳門港道的船舶，在這裡築起了一座城堡，由於築城材料多為泥沙、泥塊，因此便有了「土城」之名。三百多年前，安南區古臺江內海尚未成為陸地，1823年一場大

【五大陣】虎尾寮・伍聖宮・宋江陣 | 139

風雨過後，整個臺江內海變為陸地，與臺南市區相連，成為今天的安南區。

歷史文獻記載著臺江內海陸化的過渡，清朝大學士曹振鏞曾在奏摺中提及，道光 3 年（1823）以後內海沙淤墊漲，大範圍的海域逐漸成為陸地，人們開始在這片土地上定居並繁衍生息。而姚瑩的《東槎紀略》同樣描述了風雨過後鹿耳門海沙驟漲變為陸地的情形，也記載了建砲臺的相關議題。

虎尾寮的命名與發展

虎尾寮得名於 1827 年，那一年，蔡自香從嘉義新塭的虎尾寮搬遷至此開墾這片「菅仔埔」，沿用了故鄉的地名為「虎尾寮」。至 2024 年，此地已有 187 年的歷史。

◇ 虎尾寮的地理特徵

虎尾寮位於正統鹿耳門聖母廟的西側，地勢略微向西傾斜，這有利於水流通暢，象徵著財源豐富，這種地理特徵使得虎尾寮在農業和商業發展上具有天然的優勢，成為當地重要的經濟中心。

虎尾寮的文化背景

◇ 宗教信仰

宗教方面，目前供奉在城南里活動中心一樓大廳的吳王爺，據說是從頂頭虎尾寮迎請而來，被尊稱為「鎮庄之寶」，保佑庄民，每年農曆 4 月 26 日當地會搭戲臺，慶祝吳王爺聖誕千秋紀念日。此外，還新塑了大王、溫王、夫人媽、虎爺及一組勇兵猛將塑像。此地還有自

虎尾寮伍聖宮開基伍王爺（謝奇峰提供）　　　　　　虎尾寮伍王爺榕（謝奇峰提供）

1938年種下的小樹苗，如今已經綠葉成蔭，形成了宗教信仰和社會生活緊密結合的氛圍。

◇ 社會結構

就人口分佈而言，虎尾寮居民中蔡姓最多，占人口總數百分之七十以上。此外還有吳姓、鄭姓、張姓等十餘個姓氏，大部分是原土城舊部落分遷過來的人口。截至民國92年3月31日，虎尾寮總人口數為3820人，包括899戶家庭。

【五大陣】 虎尾寮・伍聖宮・宋江陣 | 141

◇ 經濟發展

據說，當地居民多以商業創業為主，且普遍不涉入政治事務，使得這裡始終充滿和平與祥和氛圍。因此，虎尾寮被譽為「和平之村」，幾乎沒有爭端。這種經濟結構使得虎尾寮在地方經濟中具有一定的影響力，成為當地重要的商業中心。

蔡氏家族的拓荒開墾

◇ 蔡姓源流考

虎尾寮蔡姓的源流考據，可以追溯到清朝乾隆中葉，約在1759年，開臺始祖蔡日晃祖宗從福建省泉州府晉江縣梅林鄉出發，橫渡臺灣海峽，俗稱「黑水溝」，到達嘉義縣東石鄉及布袋一帶上岸。同年，他還與宗長蔡世枯、蔡世德等人同行，更有泉州府晉江縣玉井鄉的蔡芳永、蔡文杞、蔡哲、蔡守法等老宗長，分別從鹿港和東石上岸。這些宗長們都是第一批來臺墾荒的蔡氏祖先。

◇ 討海為生

臺灣四面環海，港灣繁多，漁產豐富。沿海地區的先民大多以捕魚為生。尤其是西部沿岸的居民，最早是出海捕魚，後來發展成圍塭養殖，他們離不開海洋的恩賜。蔡家列祖列宗皆受益於海洋的慷慨，使得蔡家後代擁有大海般的精神，這種冒險犯難與大海搏鬥的無畏精神永遠流傳在蔡家子孫的血液裡，每個蔡家子弟都保存著創業的原動力。

虎尾寮宋江陣成立於民國 35 年，當時為護駕鹿耳門媽祖參與西港香醮

虎尾寮宋江陣對打表演展示精湛的武術技巧

【五大陣】虎尾寮・伍聖宮・宋江陣

虎尾寮宋江陣為凝聚地方認同的民俗藝術

◇ 落籍土城

話說開臺始祖蔡日晃祖宗在乾隆 36 年（1771）渡過黑水溝，在東石和布袋一帶上岸後，立即展開墾荒工作。日晃祖宗有兩個兒子：大房懋褒和二房懋閣。大房懋褒有四個兒子，分別為自香、自寧、自裁、自入，而自香生於乾隆 56 年（1791）。

從渡臺的 12 世祖先蔡日晃到其長孫蔡自香出世，已經歷經三代人，他們皆以捕魚為業，生活十分清苦。直至道光 7 年（1837），當時蔡自香已是一位壯年的強壯漢子，他帶著年僅十歲的孩子蔡遠苜〔15世，生於嘉慶 22 年（1817）〕以及堂叔懋登和多位族親們組成了一個捕魚隊伍。他們恭請一尊神明（號吳王爺）設放於船艙內，大隊人馬沿著臺灣西部海岸線展開冒險旅程。

他們從布袋嘴港出發，涉水過八掌溪到達雙春、蚵寮，又越過王爺港，在馬沙溝稍作停留與整備。最終，他們沿著潮流漂洋過海，經將軍溪邊、山仔寮、海寮、七股寮及九塊厝，一面捕魚一面南下，直至曾文溪口。

眾人望著廣闊的溪水，不禁思鄉之情湧上心頭。他們一直想找到一個合適的居住地，但心中並未忘記故鄉親人的期盼。當他們涉水過了曾文溪後，眼前看到的是一望無際的菅仔埔，一片未開發的海埔新生地。在這裡，他們看見百鳥飛翔以及大批鳥巢，他們將鳥蛋裝滿斗笠，心中燃起了生命的火花，對未來充滿憧憬，決定在此地落腳開墾。

◇ 艱難的開拓歷程

根據約二百年前的文獻記載，蔡氏先祖蔡遠肯，第一代定居於土城時正值臺灣內海陸地化的第四年。當時，這地方是一片新生的海埔地，蘆竹、蓁草（俗稱毛仔草）、田菁等雜草叢生。為了建家宅，他們就地取材，砍伐粗大的田菁作為房屋的大柱與梁架，並以大管和竿蓁作為牆壁，牆面上抹上混合牛糞和黏土，再覆上一半浸濕的稻草或毛仔草。這種艱苦樸實的精神，體現了祖先當年的困窘與艱辛。原本是鹽滷荒地與雜草叢生的地方，經過祖先的辛勤開墾，終將荒地變為肥沃的良田。蔡氏祖先們歷經艱辛、流血流汗，他們那可歌可泣的拓荒故事應成為後代子孫效法的精神力量。

虎尾寮宋江陣的起源

土城虎尾寮伍聖宮的宋江陣是土城香重要的武陣之一，成立於民國 35 年，當時為護駕鹿耳門媽祖參與西港慶安宮香醮，出巡七十二庄收香案。自民國 47 年土城聖母廟脫離西港香後，民國 48、49 年連續兩年由虎尾寮伍王爺（伍子胥）擔任鹿耳門媽祖出巡安南區的先鋒官。伍聖宮內尚有先鋒旌旗。到民國 50 年，土城香第一科由四草大眾廟大將爺擔任先鋒官，民國 53 年再由學甲寮慶興宮池王爺擔任第二科先鋒官。虎尾寮是土城十一角頭中人口最多的一個，每年定期操演並傳承至下一代，地方凝聚力相當強。

虎尾寮宋江陣教練嚴謹治軍，屬於紅腳巾系統

虎尾寮宋江陣是臺南歷史與傳統的文化見證

146 ｜ 土城香：陣頭文化

虎尾寮宋江陣曾受邀至總統府表演

1982年虎尾寮宋江陣登上國慶舞臺

【五大陣】虎尾寮‧伍聖宮‧宋江陣 | 147

虎尾寮伍聖宮宋江陣每年定期操演，重視代代相傳

虎尾寮伍聖宮宋江陣不僅是娛樂形式，更是地方社群的文史象徵

虎尾寮宋江陣需要高度的協調和團隊合作

虎尾寮伍聖宮宋江陣的威力和美感，是最具觀賞性的部分

【五大陣】 虎尾寮・伍聖宮・宋江陣

[武陣] 陣法典故與特色
Legends and Characteristics of Battle Formations

虎尾寮宋江陣的組成

　　虎尾寮伍聖宮宋江陣是由虎尾寮庄內弟子自發組成的隊伍，初期聘請了安定新吉（新庄）吳狂、本庄蔡首兩位老師傳授武術指導，目前指導教練由王榮廷老師親自教授，並有五位教練協助指導，以嚴謹治軍著稱，腳步手法生猛有力，重視代代相傳，屬於紅腳巾系統。

虎尾寮宋江陣的儀式

　　宋江陣表演開始前會先發彩，隨後進行採籛束及中間儀式等。繞圈拜宋江爺、宋府元帥後，各種陣式表演才會開始，其中單人兵器展演、武術表演及雙人兵器對練格外引人注目。

宋江陣的陣式

　　陣式共有十八式，主要表演有八式，即大花陣、二人連環、力馬陣、黃蜂出巢、排八城、八城內外連環陣以及最後作為結束的八卦陣。

◇ 大花陣

　　大花陣是宋江陣中的一種基本陣法，表演者通過複雜的隊形變換和動作展示出宋江陣的威力和美感。這種陣法需要高度的協調和團隊合作，是宋江陣最具觀賞性的部分。

◇ 二人連環

二人連環是一種合作表演，兩名表演者需要密切配合，展示出精湛的武術技巧和默契。雙人技通常包括對打、擒拿和防守等動作。

◇ 力馬陣

力馬陣是一種展示力量和靈活性的陣法，表演者需要具備高度的力量和靈活性，以完成各種高難度的動作。

◇ 黃蜂出巢

黃蜂出巢是一種以速度和靈活性為主的陣法，表演者通過快速的動作和變換展示出黃蜂的靈活和敏捷。

◇ 排八城

排八城是一種複雜的隊形變換陣法，表演者通過精確的動作和協調展示出宋江陣的戰術安排和戰鬥技巧。

◇ 八城內外連環陣

八城內外連環陣是一種展示團隊合作和默契的陣法，表演者通過複雜的隊形變換和動作展示出宋江陣的協調性和默契。

◇ 八卦陣

八卦陣是宋江陣的高潮部分，多名表演者組成一個整體，通過複雜的隊形變換和動作展示出宋江陣的威力和美感。這種表演需要高度的協調和團隊合作，是宋江陣最具觀賞性的部分。

虎尾寮宋江陣腳步手法生猛有力

虎尾寮宋江陣式複雜且有變化

虎尾寮宋江陣表演者具備高度的力量和靈活性

虎尾寮宋江陣對打表演需要密切配合和默契

【五大陣】 虎尾寮・伍聖宮・宋江陣 | 153

【傳炬】發展現況與扎根傳承
Development status and inheritance

　　安南區虎尾寮的歷史淵源、文化背景及其獨特的宋江陣展示了這一地區豐富的歷史和文化內涵。通過對其歷史淵源、文化背景及陣法的介紹，我們可以看到宋江陣不僅是一種娛樂形式，更是一種文化的象徵，展示了地方社群的歷史、信仰和生活方式。而在時代的變遷之下，虎尾寮伍聖宮的宋江陣，面臨著現代化的挑戰，仍持續努力的進行著傳承的扎根與發展。

虎尾寮宋江陣年輕團員上場演武

虎尾寮宋江陣女性團員演武架勢絲毫不馬虎

虎尾寮宋江陣不分性別吸引年輕人來參與

虎尾寮宋江陣展示了在地獨特的文化內涵

【五大陣】 虎尾寮・伍聖宮・宋江陣

虎尾寮宋江陣面臨著傳承的挑戰

需加大力度來保護虎尾寮宋江陣，這寶貴的文化遺產

◇ 傳承困境

　　隨著現代社會的快速發展，宋江陣的傳承面臨著諸多挑戰。年輕一代對傳統文化的興趣減少，導致宋江陣的學習和傳承出現困難。此外，現代生活的壓力和快節奏也使得人們很難投入大量時間和精力來學習和練習宋江陣。

◇ 政府支持

　　為了保護和傳承這一寶貴的文化遺產，政府和相關部門加大了對宋江陣的支持力度。通過舉辦各種文化活動和比賽，吸引更多年輕人參與宋江陣的學習和表演。此外，政府還提供資金和資源，支持宋江陣的研究和傳承工作。

◇ 現代化發展

　　為了適應現代社會的需求，宋江陣也在不斷進行現代化的改進。通過引入現代舞蹈和音樂元素，宋江陣的表演更加豐富和多樣化，吸引了更多觀眾的關注。此外，利用現代科技手段，如視頻錄製和網絡直播，宋江陣的影響力得到了大幅提升。

◇ 國際交流

　　隨著全球化的發展，宋江陣也積極參與國際文化交流活動。通過參加國際文化節和表演，宋江陣不僅展示了臺灣的傳統文化，也促進了不同文化之間的交流和理解。

2024 年虎尾寮宋江陣開館大吉

2024 年虎尾寮宋江陣開館演出

2024年虎尾寮宋江陣開館演訓

虎尾寮宋江陣表演吸引民眾圍觀喝采

【五大陣】虎尾寮・伍聖宮・宋江陣 | 159

2024 年虎尾寮伍聖宮宋江陣至營仔腳朝興宮溫陵廟請佛鑑醮

2024 年虎尾寮伍聖宮宋江陣至臺南大天后宮請佛鑑醮

2024年虎尾寮伍聖宮宋江陣護駕遶境

2024年土城仔香之虎尾寮伍聖宮宋江陣駕前護駕及信眾掃香路

* Chapter

6

【開路先鋒】
學甲寮‧慈興宮‧宋江陣

作者：顏大鎰

安南區學甲寮宋江陣是一支擁有逾60年歷史的傳統宗教陣頭,源自於臺南市安南區學甲寮的慈興宮。宋江陣在民國38年成立,主要是配合廟宇神明出巡而舉辦的宗教儀式活動。這支陣頭每年皆會參與土城香,展現臺灣豐富多元的香醮文化。

霸氣十足的學甲寮宋江陣

1979年開路先鋒學甲寮宋江陣領頭過國姓橋(陸昕慈提供)

【起式】歷史淵源
Historical Origins

學甲寮的歷史背景

　　學甲寮位於臺南市安南區的北端，鄰近曾文溪，並緊靠其南岸。曾文溪以北就是臺南市。學甲寮的西邊與十份塭仔和土城庄接壤，東邊則與溪南寮仔為鄰。據說，最早的居民大多來自現今臺南市學甲區一帶。一位名叫莊朝的先民最早從學甲遷來，開始了墾荒的生活。他用笒草蓋起房舍，展現出刻苦耐勞的精神。隨後，黃笑和黃文治等人也從「笒仔寮」（今學甲以西）遷來，共同開發這片被稱為「管仔埔」的荒地。隨著時間的推移，黃丑和黃來等人也從「塭仔內」和「樹仔腳」（皆在今西港西南）等地來到這裡，加入墾荒的行列，最終形成了一個村落。為了懷念故土，他們以故鄉「學甲」命名這個新居住地。作為一個主要以務農為主的村落，學甲寮至今仍保持著濃厚的聚落特色。

◇ 學甲寮的重要交通要道

　　庄內的重要交通要道是公學路與安明路。安明路向北延伸，經過「國姓大橋」（亦稱國聖大橋）跨越曾文溪，進入未縣市合併前的臺南縣境內，向南則通往臺南市區。這些交通要道不僅連接了學甲寮與周邊地區，也促進了當地的經濟和文化交流。由此可見，交通對學甲寮的重要性不言而喻。

◇ 學甲寮的信仰中心：慈興宮

　　學甲寮信仰中心為「慈興宮」，它供奉著池王爺、中壇元帥及保生大帝等神祇，其祖廟是臺南市學甲區的「慈濟宮」。此外，「慈興宮」

與土城正統鹿耳門的「聖母廟」有著密切的關係，也是土城香的重要成員之一。因此，每逢宗教祭典，學甲寮慈興宮的信徒往往會積極參與，表現出高度的宗教熱忱與團結精神。

◇ 清道光年間的學甲寮

學甲寮的形成始於清道光年間，即西元 1823 年。最初由莊朝自今臺南市學甲區遷來，開始了這片土地的開發。莊朝和後來遷入的黃笑、黃文治等人，分別從現今臺南市將軍區的苓仔寮和佳里區的塭內里等地前來，共同開闢荒地。這些早期移民大多具有刻苦耐勞的精神，他們用茅草蓋起了簡陋的房舍，逐漸形成了一個新村落。

◇ 地名由來與務農特色

為了紀念當初莊朝由學甲遷來之情景，當地居民將此地命名為「學甲寮」。由此可見，地名的由來反映了居民對故鄉的深情厚誼與懷念之情。學甲寮的居民以務農為主，這一特色在村落的發展過程中顯得尤為突出。早期的移民們憑藉他們勤勞和智慧，不僅開闢了荒地，還逐步建立起了一個和諧共處的社區。

學甲寮慈興宮九鑾元帥王令

學甲寮慈興宮主祀池府千歲

1949年慈興宮擴大宮廟規模，宋江陣應運而生

【開路先鋒】學甲寮・慈興宮・宋江陣

學甲寮宋江陣的起源

　　學甲寮宋江陣的故事可追溯至當地漳泉移民在清朝時期移居安南區一帶。為了團結鄉親並傳承信仰，他們在學甲寮建立了慈興宮，供奉媽祖等神明，慈興宮成為當地人的精神寄託。隨著信徒人數增加和經濟條件改善，當地人希望能擴大宮廟規模，並舉辦盛大的祭祀活動。於是在民國 38 年（1949），宋江陣應運而生，成為慈興宮主要的宗教陣頭。

　　民國 38 年（1949），為配合廟宇神明出巡遶境，地方民眾決定在庄裡自組防衛隊伍，當時由本地學甲寮黃水拋先生提議而發起成立宋江陣，隨後至曾文溪岸請火，恭請田都元帥降駕指導陣法，並在宮內設立宋江館以奉祀宋江爺。當時是請到竹港村（麻豆寮與竹仔港）黃勇、林屋兩位師傅前來傳授兵器操練及拳路，陣頭排練則由竹港村後代黃有義師傅與楊勝忠師傅（1962～）指導，屬綠腳巾系統。黃有義師傅仙逝後由楊勝忠師傅擔任總教練，並栽培許建志（1972～）、黃丞佑（1992～）二位人才為教練，薪火相傳，讓學甲寮宋江精神源源流傳。

慈興宮與鹿耳門媽的交陪

　　學甲寮慈興宮與正統鹿耳門聖母廟交陪深厚，民國 47 年（1959）當時的土城保安宮（聖母廟二建的廟名）與西港慶安宮斷香後，退出西港香，學甲寮也跟著一起退出。學甲寮慈興宮池府千歲受鹿耳門媽邀請，並於民國 53 年（1964）開始擔任正統鹿耳門聖母廟三年一科香醮之開路先鋒，於香科前必設香案稟報上蒼，偕同九鑾元帥（天神）一同領軍綏靖地方，至今已歷一甲子 60 年，學甲寮慈興宮宋江陣擔任池府千歲的駕前武陣，每逢香科必往鹿耳門聖母廟進行「開館」儀式，隨身護衛，保駕助威，名揚天下。

1964年起，慈興宮池府千歲開始擔任三年一科土城香醮之開路先鋒

學甲寮慈興宮宋江陣隨身護駕鹿耳門媽，也是在地文化傳統的生動體現

【開路先鋒】學甲寮・慈興宮・宋江陣

[武陣] ## 陣法典故與特色
Legends and Characteristics of Battle Formations

宋江陣在臺灣傳統文化的角色

　　宋江陣在臺灣文化和傳統活動中扮演著相當重要的角色，早期起源於農村子弟學習武藝的活動，後來在日治時期發展為一種宗教活動和武術表演性陣頭。宋江陣是臺灣的傳統民俗活動，在臺灣宗教文化中佔有一席之地，更被視為臺灣藝陣文化觀光中的重要代表活動。

　　宋江陣在臺灣文化中扮演多重角色，不僅是一種藝陣活動，更承載了宗教、文化、歷史等多樣元素。透過宋江陣的演出，人們可以感受到臺灣民俗、戲曲和俗語等豐富的文化內涵。此外，宋江陣也具有社教功能，透過身體運動的表現方式，傳承著臺灣特有的民俗傳統和特色。

學甲寮宋江陣重現宋江結義的精神

在臺灣南部，宋江陣更成為廟會最重要的活動之一，並被視為臺灣最重要的民俗資產和觀光資源之一。每年三月，宋江陣活動也吸引了許多遊客前來參與，成為臺灣獨特的民俗慶典之一。

　　歷史上，宋江陣的影響和意義持續演變，如同一部鮮活的臺灣民俗史，不斷豐富並延續著臺灣文化的精髓。學甲寮的歷史與發展，尤其是宋江陣的傳承與演變，展示了臺灣豐富的文化遺產和強大的社區凝聚力。從早期的移民開墾，到現代的國際表演，學甲寮宋江陣不僅是地方特色，更是臺灣文化的象徵。

學甲寮宋江陣的意義

　　學甲寮宋江陣作為地方傳統活動，具有豐富的意義與特色。這項活動是賽會陣頭的一種，是當地對神明表達虔誠信仰與崇敬的方式。學甲寮宋江陣更是在當地民眾信仰的中心，每年都有重大的慶典活動。透過宋江陣的舉行，人們可以體驗到當地獨特的宗教信仰與文化風情。

學甲寮宋江陣以武藝的施展，詮釋著堅韌不拔的臺灣精神

學甲寮宋江陣的特色

宋江陣的陣頭裝扮別具特色，陣員身穿綠色戲服，頭戴綠色布帽，臉上塗抹粉米漿，給人一種威嚴神秘的感覺。在陣頭的旗幟上繡有宋江的形象，代表這支陣頭緣自《水滸傳》的宋江武林群俠。陣員們在舞臺上施展武藝，重現宋江結義的精神。

除了壯觀的人馬陣容，宋江陣還有一支莊嚴的樂陣。擊鼓吹號，巨鼓隆隆，讓人如臨大營。陣員們緩步前行，雄赳赳氣昂昂，場面極為熱鬧壯觀。

學甲寮宋江陣的表演陣式

宋江陣表演陣式如下：發彩後由頭旗帶圈、採箍開五門、排陣、開斧、開旗、單人兵器、拳頭表演、蜈蚣陣、兵器對打、空手連環，最後以八卦陣作為收尾。值得一提的是，田都元帥及西港慶安宮千歲爺也曾降駕下來指導陣法，所以學甲寮宋江陣的開旗斧跟清圈有其特有動作，以神人合一的方式來展現武陣之護衛威武佑安之職。

逾一甲子歷史，學甲寮宋江精神源源流傳

傳炬 | 發展現況與扎根傳承
Development status and inheritance

學甲寮宋江陣的重要性

　　學甲寮宋江陣在臺灣當地具有重要的意義和文化價值。這個傳統活動源於對信仰的虔誠和對歷史傳承的尊重。根據報導，學甲寮宋江陣是鹿耳門聖母廟遶境活動中的一個重要陣頭，具有相當的代表性。這項活動象徵著人們對於神明的虔誠喜樂，也是當地文化傳統的生動體現。

　　學甲寮宋江陣反映出臺灣人民對於宗教信仰和傳統文化的堅持，讓後代能夠了解和傳承當地的歷史與價值觀。這個活動歷史悠久，通過代代相傳，對於當地居民來說有著特殊的意義。正因為如此，學甲寮宋江陣在當地社區中扮演著重要角色，受到居民和信徒的高度尊崇與關注。

　　除此之外，學甲寮宋江陣也是學甲區的文化活動中不可或缺的一部分，每逢遶境活動，都會吸引眾多民眾和遊客的關注與參與。透過這樣的傳統活動，人們緬懷過去，感受當地文化的獨特魅力，同時也強化了社區凝聚力與文化自信心。

2024年土城香學甲寮宋江陣開館大吉

2024年土城香學甲寮宋江陣開館圓滿成功

學甲寮宋江陣的傳承

　　學甲寮宋江陣在當地具有悠久的歷史傳承，並且得到當地居民的重視與支持。隨著時代變遷與社會發展，學甲寮宋江陣也在不斷發展與創新，保持著其獨特的文化價值。此外，學甲寮宋江陣也越來越受到外界的關注與認可，成為臺灣重要的文化遺產之一。

學甲寮宋江陣的現代發展

　　時至今日，學甲寮宋江陣已經是安南區重要的無形文化資產。為了延續這項文化傳統，宋江陣已逐步進行傳承教育。陣頭不只由當地居民組成，也吸引了許多年輕人加入。新舊陣員互相交流，一方面保存了陣頭的原汁原味，另一方面也讓陣頭意涵更加充實豐富。

學甲寮宋江陣強化了社區凝聚力與文化自信心

　　近年來，學甲寮宋江陣也開始走出臺灣，到海外巡迴演出。透過國際舞臺，讓世人看見臺灣獨特的宗教文化。未來，學甲寮宋江陣將繼續努力發揚光大，與時俱進，成為臺灣文化瑰寶的重要代表。

　　學甲寮宋江陣已經走過60餘年的歷程，見證了臺灣社會的巨大變遷。從農村小鎮的土生土長，到揚威國際舞臺，這支傳統陣頭用實際行動詮釋著一種堅韌不拔的臺灣精神。我們有理由為宋江陣感到驕傲，它不僅是地方特色，更是臺灣文化的體現。

2024 年土城仔香至開路先鋒廟學甲寮慈興宮請佛鑑醮

2024 年土城仔香之學甲寮慈興宮九鑾元帥乘王馬開路

176 | 土城香：陣頭文化

2024年土城仔香之開路先鋒學甲寮慈興宮宋江陣

2024年土城仔香頭日香之開路先鋒學甲寮慈興宮宋江陣

* Chapter —

7

【主壇】
海尾寮・海尾朝皇宮・宋江陣

作者：顏大鎰

在臺南市安南區的傳統信仰場域研究中，海尾寮的歷史特性受到關注。這個地區歷史悠久，曾經見證了多代人的信仰與文化傳承，海尾寮亦在當地扮演重要的角色。海尾寮宋江陣歷經百年傳承，是臺灣地區文化遺產的重要一環，反映了民間信仰與歷史相互交織的精神實踐。因此，了解臺南市安南區海尾寮宋江陣的歷史，有助於深入探究當地的宗教信仰、文化傳承和民俗活動，同時也能夠感受到這個古老傳統的價值和意義。

〔起式〕歷史淵源 Historical Origins

海尾寮的歷史背景

　　海尾朝皇宮宋江陣位於安南區，具體位置則在海尾寮地區。根據資料顯示，海尾寮是一個獨特的地方，因為地理位置的特殊性，這裡在歷史上扮演著重要的角色。海尾寮曾是拓荒者與海域爭奪土地的地方，歷史上留有許多有趣的故事和事件。這裡也是各種傳統文化活動的舉辦地點之一，例如中洲寮保安宮宋江陣和溪頂寮保安宮宋江陣等傳統活動。除了這些，海尾寮也有不少其他形式的文化活動，例如土城香的遶境，其中涵蓋了許多特色陣頭，如虎尾寮宋江陣、郭岑寮金獅陣、青草崙百足真人蜈蚣陣等。總括而言，海尾寮宋江陣所在位置的歷史背景豐富，而當地的傳統文化活動也是當地的一大特色，吸引了許多人參與和關注。

　　值得一提的是，海尾寮是臺南市安南區的重要聚落，地處臺江的尾端，擁有悠久的歷史和豐富的文化底蘊。宋江陣作為當地的傳統活動之一，不僅在當地社區中具有深厚的影響力，也為外地遊客展現了臺灣豐富多元的民間信仰與傳統文化。透過參與宋江陣的活動，人們

可以感受到濃厚的地方文化氛圍，並了解當地居民對於傳統價值的堅守與尊重。同時，這也為年輕一代提供了學習和傳承文化遺產的機會，促進了社區間的凝聚力和文化交流。

海尾寮宋江陣的起源

臺南市安南區海尾寮宋江陣的歷史可以追溯到日治時期。海尾寮宋江陣成立於1900年，是海尾朝皇宮的一個武術藝陣。這個陣頭是朝皇宮主神保生大帝駕前專屬的傳統陣頭，由具有深厚歷史傳承的師傅指導，代代相傳。海尾寮宋江陣源自頂山宋江陣黑腳巾系統，海尾宋江會演變為深藍色腳巾，是因為頂山那邊不願被複製為黑色腳巾，所以海尾以保生大帝的龍袍顏色——藍色腳巾為主，並受邀到陳卿寮及總頭寮指導宋江陣。

海尾朝皇宮保生大帝擔任鹿耳門媽香主壇

海尾寮宋江陣的沿革 [45]

據維基百科記載：

> 據海尾寮地區吳姓祖譜中記載，一位名叫「吳營」的老祖，有一位獨子「吳春吉」又名「起吉」。清末至日治初期，沿海地區盜匪集結，時常掠奪各地村莊，海尾也不幸遭殃。據耆老相傳，土匪強盜行搶之前，甚至敲鑼打鼓，結隊而行。明治33年（1900）吳營被海賊劫殺，享年69歲，海尾村民決議籌組武裝自衛隊來保衛地方安全。吳春吉有一位養子「吳拋」來自於蕭壠堡頂山仔莊（現七股區頂山里）過房，因為這樣的地方關係，聘請「頂山仔宋江陣」來自大陸的師父「徐士金」率弟子「陳德籃」來海尾傳授宋江陣，抵禦海盜劫莊，保衛海尾地區之安全，不過頂山仔宋江陣專屬的黑腳巾不外傳，因此海尾宋江陣改使用「深藍腳巾」。宋江陣成立後，不只保衛村莊安全，也參與神明慶典，自然成為境主保生大帝的駕前護衛隊。日後因政局治安穩定，宋江陣不再擁有治安保衛功能，因此轉型成為傳統藝陣。戰後，由海尾第一代宋江腳「許加再」、「吳丁薦」等人，再傳承至陳卿寮、溪頂寮、總頭寮、南路寮等村莊，除溪頂寮後來改用黃腳巾外，餘皆傳承海尾的深藍腳巾。而超過百年歷史的海尾宋江陣，隊員勇猛剽悍，平時訓練紮實，名聲響亮，迄今其盛名更有「不曾看過海尾斧，也要聽過海尾鼓」的俗諺流傳，頭旗、雙斧、官刀等兵器陣式隨著鏗鏘有力的鑼鼓聲展開，不僅氣勢凌人，民俗上更有驅邪制煞的象徵。

45　〈海尾朝皇宮宋江陣〉，參見維基百科：https://zh.wikipedia.org/wiki/%E6%B5%B7%E5%B0%BE%E6%9C%9D%E7%9A%87%E5%AE%AE%E5%AE%8B%E6%B1%9F%E9%99%A3。

海尾寮宋江陣的歷史趣聞[46]

◇ 溪仔墘擔酒請師父徐士金

據維基百科記載：

  早期頂山仔宋江陣師父「徐士金」親自到海尾寮傳授宋江陣之時，起初並未將自身的武藝全部傳授，而是自己保留一手，眾人見徐士金身懷絕技，武藝超凡，如不傳授，實為可惜，因此想盡辦法想討好徐士金。後來得知徐士金嗜酒，於是在每天團練之前，都會派人前往溪仔墘擔酒來請徐士金喝，藉此讓其答應傳授各項武藝，酒喝得越多，教得越多，最終徐士金也將全部的武術及陣法傳授於海尾宋江陣。

◇ 大目降一戰成名

據維基百科記載：

  有一位叫「吳頓」的海尾人氏，在日治時期於新化大目降擔任警察，而大目降地區每年會舉行十八嬈的民俗活動，在活動中不乏有各類文武陣頭，吳頓在看過各個陣頭表演之後，當眾下了一句評語：「呼神武屎飛，什麼表演都沒有海尾的宋江陣好看！」於是吳頓當晚徹夜趕回海尾寮，邀請海尾宋江陣至大目降表演，大夥抵達大目降立即展開精彩的演出，呈現海尾宋江陣「兇」、「猛」、「狠」的特色，現場人山人海，踩破屋瓦也要看熱鬧，觀眾各個無不叫好，自此之後，海尾宋江陣便一戰成名。

---

46 〈海尾朝皇宮宋江陣〉，參見維基百科：https://zh.wikipedia.org/wiki/%E6%B5%B7%E5%B0%BE%E6%9C%9D%E7%9A%87%E5%AE%AE%E5%AE%8B%E6%B1%9F%E9%99%A3。

海尾朝皇宮出轎襄贊土城香科遶境

2024年甲辰科土城香之海尾朝皇宮宋江陣

海尾朝皇宮與聖母廟的情份,是段信徒津津樂道的神蹟故事

1946 年,海尾大道公為日治蒙難脫險後的替身媽祖化符令,淨身洗塵

海尾朝皇宮兵器陣式隨著鑼鼓聲展開，有驅邪制煞的象徵

土城香主壇海尾朝皇宮參加第一至三科後，因禮數之細故而斷香

海尾朝皇宮與聖母廟斷香 36 年後，於民國 91 年（2002）復交重修舊好

聖母廟與海尾朝皇宮復交後，癸未科再回到安南區遶境，往後至今為定例路線

【主壇】海尾寮・海尾朝皇宮・宋江陣 ｜ 187

[武陣] 陣法典故與特色
Legends and Characteristics of Battle Formations

海尾寮宋江陣的師承系統

　　海尾寮宋江陣位於臺灣臺南市安南區海尾朝皇宮，該地區是古臺江內的終點，地理位置獨特且具有重要歷史意義。海尾寮宋江陣是海尾朝皇宮的一個武術藝陣，隸屬於保生大帝駕前的傳統陣頭，代代相傳，延續著悠久的歷史和文化。該陣頭已有124年的歷史，致力於傳承臺灣古老的武術文化，是當地重要的文化遺產之一。

　　海尾寮宋江陣源自於對村落安全的關注和保護需求。周遭環境的變遷和挑戰促使當地居民意識到自我防衛的重要性，因此形成了這個以武術藝陣為核心的組織。透過宋江陣的訓練和發展，海尾寮居民在多年來得以維護自身的生活和文化傳統。這也反映了在當地社區中，對於傳統價值和文化的重視與保存。

　　海尾寮宋江陣成立於日治明治33年（1900），是海尾朝皇宮主神保生大帝專屬的傳統陣頭。這個武術藝陣隸屬於臺南市安南區海尾朝皇宮，是一個具有悠久歷史的文化傳承。該宋江陣的成立源於海尾村在遭遇海盜侵襲後，為了保護村落安全而發展出來的防衛組織。來自頂山村的徐士金、陳德籃等宋江陣師父受到海尾老大聘請，來到海尾村傳授武藝，奠定了宋江陣在當地的深厚根基。

海尾寮的陣頭匯演與傳承地位

　　臺南市安南區海尾寮的宋江陣歷史背景相當豐富。這裡是一個古老的聚落，曾為當地重要的信仰中心和文化傳承地。根據資料顯示，海尾寮地區與宋江陣有著深厚的關聯。這裡保存著海尾宋江陣四代武

海尾朝皇宮宋江陣強化了在地庄民的凝聚力和身份認同感

成立超過 120 年的海尾朝皇宮宋江陣，承載著豐富歷史與傳統價值

師傳承的武術文化。在當地，宋江陣被視為一種重要的民俗信仰活動，具有悠久的歷史和傳統。這一傳統文化活動在當地得到廣泛的重視和支持，並且有著自發性的參與。這裡的地方陣頭活絡，參與的村鄉為數眾多，成為當地陣頭最大的匯演場地。

臺南市安南區海尾寮的宋江陣具有深厚的文化意義。這項傳統活動源自古時的宗教信仰與民間習俗，是當地居民代代相傳的重要祭祀活動。宋江陣通常是在特定的宗教節日或民俗節慶中舉行，以祈求平安、豐收和神明的庇佑。這種形式獨特的遶境儀式，除了展現了地方的宗教信仰外，也反映了社區凝聚力和文化傳承的重要性。

這些源自歷史的文化活動不僅僅是一場簡單的遶境祭祀，更是一種連結過去與未來、融合信仰與傳統的重要文化活動，對於臺南市安南區海尾寮的居民來說，具有著不可替代的價值與意義。

源於守護家園、抵抗海盜的海尾朝皇宮宋江陣,是歷史悠久的文化傳承

海尾朝皇宮宋江陣有「不曾看過海尾斧,也要聽過海尾鼓」俗諺流傳

海尾朝皇宮宋江陣保存著四代武師傳承的武術文化

海尾朝皇宮宋江陣展現的真功夫，成為促進地方發展的文化特色

【主壇】 海尾寮・海尾朝皇宮・宋江陣

傳炬 | 發展現況與扎根傳承
Development status and inheritance

　　總的來說，臺南市安南區海尾寮宋江陣對當地社區帶來了多方面的影響，包括文化傳承、經濟活力和社區凝聚力的提升。

文化傳承與社區凝聚力

　　臺南市安南區海尾寮宋江陣作為當地的傳統活動之一，對當地社區有著重要的影響。根據報導，宋江陣是一種具有悠久歷史的傳統陣頭，通常在廟會、慶典或特定節日中扮演重要角色。透過這樣的活動，海尾寮宋江陣不僅能夠保留當地文化傳統，更能夠強化了社區的凝聚力和身份認同感，使居民們彼此間更加團結。

　　海尾寮宋江陣作為地方文化的一部分，承載著豐富的歷史與傳統價值。這項傳統活動既是對過去歷史的致敬，也是對當代社區凝聚力的體現。通過宋江陣的表演和訓練，當地居民能夠保留和傳承這一獨特的文化遺產。同時，宋江陣也成為了社區內部交流與互動的平臺，促進了社區凝聚力和文化傳承。

　　在社區層面，海尾寮宋江陣也扮演著重要角色。透過參與陣頭的準備和舉辦過程，居民間的互動和合作能力得到提升，有利於建立更為緊密的社區關係。同時，透過傳承和舉辦這樣的傳統活動，年輕一代也能夠接觸和了解自己的文化根源，培養文化自信心和認同感。

經濟效益與觀光機會

　　海尾寮宋江陣是臺灣傳統的武陣表演之一，具有悠久的歷史和豐富的文化內涵。這個武陣最初起源於海尾寮，後來演變成現今的海尾

主祀保生大帝的海尾朝皇宮是海尾寮信仰中心

寮宋江陣，被視為當地重要的文化活動之一。這個活動在當地已有超過百年的歷史，承載著悠久的傳統和價值觀念。根據資料顯示，海尾寮宋江陣不僅是表演，更是文化的體現。其文化傳承源遠流長，反映著臺灣人民對於歷史、傳統和精神信仰的情感。這項傳統活動在臺灣社會中佔有重要地位，並廣泛受到歡迎與支持。除了藉由實際參與這項活動來感受海尾寮宋江陣帶來的文化魅力外，也可以透過參觀相關展覽、表演或閱讀相關資料來了解這個武陣的淵源和發展過程。歷史資料和文化節目能夠幫助我們更全面地了解海尾寮宋江陣的價值和意義。如果感興趣，也可以參加相關的文化活動或討論，深入探討這項活動對當地社區和臺灣文化的影響。

　　海尾寮宋江陣的舉辦也為當地帶來經濟效益和觀光機會。陣頭活動往往吸引大批遊客前來觀賞，進而帶動當地商家的繁榮。此外，透過宋江陣等傳統活動，當地也能夠推廣自身的文化特色，增加知名度，吸引更多遊客前來造訪，促進地方觀光的發展。

2024年土城仔香至主壇廟海尾朝皇宮請佛鑑醮

2024年土城仔香頭日香之主壇海尾朝皇宮宋江陣

2024年土城仔香二日香之主壇海尾朝皇宮宋江陣

2024年土城仔香尾日香之主壇海尾朝皇宮宋江陣

【主壇】海尾寮・海尾朝皇宮・宋江陣 | 195

✳ Conclusion —

【壓陣】
榮耀「土城香」，
在地陣頭的團結與傳承

作者：陸昕慈

特色各異的護衛陣頭

　　土城子延續「古鹿耳門媽祖廟」信仰，歷經道光 11 年（1831）一建古廟傾圮、寄佛寄普，大正 7 年（1918）二建廟宇重建落成、迎回「鹿耳門媽」與眾神後，土城居民以媽祖信仰為中心，加上各角頭奉祀的原鄉神祇，為在地陣頭的起源奠定基礎，因應保衛家園、祭祀儀式、廟會慶典……等等不同因素，衍伸出「鹿耳門媽」的駕前護衛武陣、開拓出各異的陣頭特色。

　　土城的陣頭文化，並非從「土城香」才開始，早在 1939 年蚵寮角的居民便籌組地方護衛武陣，連帶提升周邊角頭對於組織武陣的意願，1945 年「鹿耳門媽」前往「西港香」，為參與護駕，遂成為組織陣頭更大的助力。

　　「慶安宮往鹿耳門請水時期（1874～1937）」，土城轄境土城子、中洲角、郭岑寮、虎尾寮、蚵寮角、鄭仔寮、青草崙、砂崙腳等八個角頭即已納入「西港香」七十二庄之一，[47] 初期未組織任何陣頭參加香科，但「慶安宮往土城仔請媽祖時期（1940～1958）」，土城庄民為了擔任媽祖駕前護衛，遂以更有系統的方式籌組武陣。[48]

　　土城最早成立的武陣是「蚵寮角」宋江陣，接著是「虎尾寮」宋江陣、「郭岑寮」金獅陣，在 1945 年臺灣光復、1946 年「西港香」復辦（1943 年因太平洋戰爭停辦）之際，三陣同出，護衛「鹿耳門媽」前往西港「收香路」。

　　1958 年，因故退出西港香，經歷 1959 至 1961 年遊境，1961 年「土城香」正式成立。獨特的曾文溪流域香科文化，必須有「蜈蚣陣」作為香科的護駕武陣之一，為何有此規定？耆老口傳是由於「青暝蛇」常常泛濫，需要由蛇的剋星「蜈蚣」來鎮壓，因此轄內十一角頭召開香科會議，於廟前置放香案三日，再以「跋公杯」方式決定由哪個角頭承辦蜈蚣陣，[49] 結果由青草崙獲得，[50] 在 1964 年[51] 組成「青草崙百足真人」也就是「蜈蚣陣」。

1964 年左右之蜈蚣陣

蜈蚣陣經過聖母廟王船旁

1970 年代左右的蜈蚣陣

1979 年代的蜈蚣陣

47　黃文博、黃明雅（2003），《臺灣第一香──西港玉敕慶安宮庚辰香科大醮典》，頁 21。
48　顏大鑌（2010），〈臺南土城仔郭岑寮金獅陣之初探〉，《身體文化學報》，第 10 期，頁 4。
49　周宗揚、吳明勳（2016），《鹿耳門聖母廟土城仔香》，頁 101。
50　葉文玲、吳宗勳製作之網站「青草崙仔的守護神：百足真人蜈蚣陣」網站。
51　根據民國 53 年甲辰科香醮前夕鹿耳門聖母廟董事會與青草崙角所簽訂的契約書內容。

同期，1960 年，蚵寮角蒙受當地李府千歲指示「白鶴仙師及童子欲來庄頭相助」，因而增設白鶴與童子、聘請樹子腳寶安宮老師前來教授，腳巾顏色不變，取名為「宋江白鶴陣」，成為臺灣罕有宋江陣系統之白鶴陣，[52]「蚵寮角宋江白鶴陣」也於 2019 年 12 月獲指定登錄為「臺南市定民俗類文化資產」。

自「土城香」1961 年成香後，土城已有三角頭成功組陣，1964 年青草崙角組成「百足真人蜈蚣陣」，砂崙腳清聖宮亦在 1966 年成立「八家將」，土城轄境內五大武陣——「砂崙腳清聖宮八家將」、「青草崙紫金宮百足真人蜈蚣陣」、「虎尾寮伍聖宮宋江陣」、「郭岑寮聖岑宮金獅陣」、「蚵寮角宋江白鶴陣」於此時正式完備，六十餘年來擔任「鹿耳門媽駕前武陣」從未缺席，陣頭成員幾乎皆為在地庄民，並由各角頭各自世代傳承迄今，堪稱珍貴的傳統文化展現。

值得一提的是，每屆「土城香」皆擔任「開路先鋒」的「學甲寮慈興宮宋江陣」，雖然地理位置不隸屬於土城十一角頭，本書亦將其納入介紹，原因是：學甲寮宋江陣早期參與西港香，但當 1958 年土城退出「西港香」後，學甲寮跟著退出，因為這份情誼，1964 年鹿耳門聖母廟首辦「土城香」，便邀請「學甲寮慈興宮」擔任「先鋒官」，其宋江陣即成為「開路先鋒」之專屬駕前武陣，[53] 迄今已逾一甲子。「海尾朝皇宮保生大帝」則擔任土城香之主壇，「海尾宋江陣」為保生大帝駕前武陣，長期參與土城香，與正統鹿耳門聖母廟淵源極深，因此亦蒐羅介紹。

除了上述武陣之外，正統鹿耳門聖母廟方在「土城香」成香後鼓勵周邊角頭多組陣頭參與，如：土城角 1961 年曾組「七仙女陣」[54]、港仔西於 1972 年籌組「跳鼓陣」[55]、中洲角於 1978 年籌組「鬥牛陣」[56]、郭岑寮成立「天子門生太平歌陣」邀請郭榮泰老師[57] 指導……等等，以下歸納整理土城各角頭「陣頭活動調查表」以供參考。

1967年土城角組織的「七仙女陣」

52 內文按臺南市政府文資處公告之內容節錄之。
53 周宗揚、吳明勳（2016），《鹿耳門聖母廟土城仔香》，頁75。曾述及學甲寮於1961年首科擔任駕前武陣，但經與學甲寮慈興宮確認後，廟方表示第一科1961年乃由四草大眾廟擔任，慈興宮是自1964年開始。
54 訪談土城角住民朱清璁（民國45年次）表示其44年次、46年次的堂姊與堂妹分別擔任民國50、53年（1961、1964）土城香頭兩科的「七仙女」，可惜此陣並未維持很久的時間。
55 訪談自嚴文正，現任城西里里長。
56 訪談自陳建成，中州角人，民國44年次，目前假日會在聖母廟前賣特色小吃「香菜花生糖冰淇淋春捲」。
57 郭老師目前擔任「港墘太平歌團」的「天子門生陣」指導老師，該藝陣已被列為市定民俗並指定為無形文化資產保存團體。

1979年香科時中州角鬥牛陣

朱清穗提供其堂姊擔任七仙女之照片

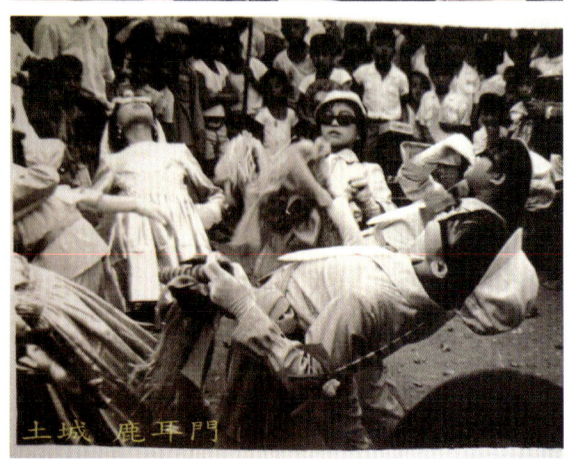

少見之七響陣

◇ 2021 辛丑年「土城香」各角頭自組陣頭活動調查表

角頭	陣頭	成立年代	現況	庄頭廟	行政區
蚵寮角	宋江白鶴陣	1940年開始習武 1946年正式出陣 1960年宋江轉白鶴	有	以爐主形式輪值	城中里
郭岑寮	金獅陣	1946年正式出陣	有	聖岑宮（行宮）	城北里
虎尾寮	宋江陣	1946年正式出陣	有	伍聖宮	城南里
鄭仔寮	—	—	—	以爐主形式輪值	城南里
青草崙（西北寮）	百足真人蜈蚣陣	1961年	有	紫金宮	青草里
砂崙腳	八家將	1966年	有	清聖宮	砂崙里
下十份塭	—	—	—	聖安宮	砂崙里
港仔西	跳鼓陣	1972～1985年左右暫停 1996年復練至2017年暫停	暫停	崇聖宮	城西里
中洲角	牛犁歌	1967～1973年左右	暫停	保洲宮（行宮）	城東里
	鬥牛陣	1973～1990年左右			
土城仔角	七仙女陣	1964年左右僅維持二到三科	—	以爐主形式輪值	城東里
溪埔仔	—	—	—	福聖宮	學東里

為文化扎根的精實武陣

「土城香」又稱「鹿耳門媽香‧五府千歲醮」，自 1961 年成香後，境內五大武陣持續深耕發展，嚴謹的訓練、文化的扎根、精實的陣式內容皆有目共睹。出陣參與香科，被視作各角頭的核心工作，本書內提及之各大武陣，都得在香科前數個月就開始籌備，「入館」練習、訂製各項道具，歷經嚴謹的準備過程，於刈香前夕由神明欽點「開館」時間，至正統鹿耳門聖母廟向主神敬獻演練成果，「開館」也代表驗收之意義。這七大陣頭的開館，都是土城香前夕最受矚目的大事，演出時常引來滿場群眾觀賞喝采。[58]

吳春燕的研究指出：

> 以土城仔庄的五陣頭而言，所有村落陣頭其自我的特色，使之擁有臺南地區西南部五大香之一的美名。……為土城仔庄凝聚在地住民的向心力與宗教信仰的虔誠，為常民文化之永續傳承而努力。[59]

延續「古鹿耳門媽祖廟」信仰，陣頭文化已深耕土城，成為居民生活的一部分。但不可否認，陣頭文化在當代傳承仍遭遇許多現實問題。過去的社會以農漁類經濟活動為主，居民多留在庄內，信仰堅定，願意為民俗活動付出，現代社會則因醫學與科技的發達，人們不再單純相信神明，年輕一輩多赴都市尋求工作機會，留在本地者也因操練時的辛苦、時間體力的大量消耗，不一定願意參與，導致各類陣頭在延續傳承上遭遇危機。

58　黃文博（2007），〈臺南刈香與庶民生活〉，《臺灣學通訊》，第 91 期，國立臺灣圖書館，頁 28。
59　吳春燕（2011），《臺南市安南區陣頭與村落關係研究》，頁 147。

三年一科的「鹿耳門媽香・五府千歲醮」期間，都會看到數以千計的陣頭兄弟不畏辛勞、日以繼夜付出參與，這些由「陣頭」、「香醮」、「信仰」而締結之情誼，展現出剛強又動人的凝聚力，在當代繁忙的工商社會中，更顯珍貴。期許未來，能在時代進步發展與傳統文化延續之間，找到更好的平衡點，讓臺南土城與正統鹿耳門聖母廟的傳統民俗信仰，繼續在臺灣發揚光大。

造型優雅之藝閣

附錄：甲辰科 ‧ 土城香 ‧ 武陣精華影音

◇ 影音拍攝製作：臺灣真美公關行

　　2024 年，「土城香」的陣頭文化榮獲文化部文資局肯定，進行一系列影像紀錄保存與文史調查研究，歡迎讀者透過以下連結網址欣賞各陣頭的精采紀錄：

（正統鹿耳門聖母廟 YOUTUBE 頻道）

虎尾寮伍聖宮宋江陣　　　　　蚵寮角宋江白鶴陣

學甲寮慈興宮宋江陣　　　　　郭岑寮聖岑宮金獅陣

砂崙腳清聖宮吉勝堂八家將　　青草寮紫金宮百足真人蜈蚣陣

附錄：甲辰科・土城香・武陣精華影音

國家圖書館出版品預行編目 (CIP) 資料

正統鹿耳門聖母廟土城香：陣頭文化/顏大鎰,吳宗勳,謝奇峰,
陸昕慈著.-- 初版.-- 臺中市：晨星出版有限公司, 2024.10
　　面；　公分.--(正統鹿耳門聖母廟文化叢書；3)
ISBN 978-626-320-929-9(平裝)

1.CST: 媽祖 2.CST: 藝陣 3.CST: 民間信仰 4.CST: 民俗活動
5.CST: 臺南市安南區

272.71　　　　　　　　　　　　　　　　　　　　113011939

線上讀者回函，
加入馬上有好康。

正統鹿耳門聖母廟文化叢書 03
正統鹿耳門聖母廟土城香：陣頭文化

作　　　者	顏大鎰、吳宗勳、謝奇峰、陸昕慈
圖　　　片	王三榮、陳泰瑋、陳君瑋等人、廟方合作攝影團隊，以及各章作者提供
主　　　編	徐惠雅
執 行 主 編	胡文青
特 約 編 輯	曾一鋒
校　　　對	顏大鎰、吳宗勳、謝奇峰、陸昕慈、曾一鋒、胡文青
美 術 編 輯	邱婉婷
封 面 設 計	張芷瑄

創 辦 人	陳銘民
發 行 所	晨星出版有限公司 台中市 407 工業區 30 路 1 號 TEL：04-23595820　　FAX：04-23597123 https://star.morningstar.com.tw 行政院新聞局局版台業字第 2500 號
法 律 顧 問	陳思成律師
初　　　版	西元 2024 年 10 月 30 日
讀 者 專 線	TEL：(02) 23672044 / (04) 23595819#230 FAX：(02) 23635741 / (04) 23595493 service@morningstar.com.tw
網 路 書 店	https://www.morningstar.com.tw
郵 政 劃 撥	15060393（知己圖書股份有限公司）
印　　　刷	上好印刷股份有限公司

定價 390 元
（如有缺頁或破損，請寄回更換）
ISBN：978-626-320-929-9

Published by Morning Star Publishing Inc.
Printed in Taiwan
版權所有・翻印必究

本書獲 文化部文化資產局 創作出版補助